普通高等教育系列教材

Python 程序设计

——从编程基础到专业应用

章 宁 李海峰 主 编

王 悦 刘灿涛 郭韦昱 副主编

机械工业出版社

本书包含编程基础和专业应用两个部分：基础部分突出 Python 易上手的语法特点，初步培养学生的编程思维；专业应用部分突出 Python 擅长处理数据的特点，设置不同的应用模块，供不同专业选择使用。本书支持任务驱动的教学理念：每章章首给出本章要完成的任务，而且所有知识点均围绕任务实现；全书两个部分的内容分别用两个完整案例贯穿。

本书面向高等院校非计算机类专业的各年级本科生，可作为入门编程课程的教材。

本书配套授课电子课件，需要的教师可登录 www.cmpedu.com 免费注册，审核通过后下载，或联系编辑索取（微信：15910938545。电话：010-88379739）。

图书在版编目（CIP）数据

Python 程序设计：从编程基础到专业应用 / 章宁，李海峰主编. —北京：机械工业出版社，2019.1（2024.1 重印）
普通高等教育系列教材

ISBN 978-7-111-62013-6

Ⅰ. ①P… Ⅱ. ①章… ②李… Ⅲ. ①软件工具－程序设计－高等学校－教材 Ⅳ. ①TP311.561

中国版本图书馆 CIP 数据核字（2019）第 028904 号

机械工业出版社（北京市百万庄大街 22 号 邮政编码 100037）

策划编辑：郝建伟　　责任编辑：郝建伟
责任校对：张艳霞　　责任印制：邓　博

北京盛通数码印刷有限公司印刷

2024 年 1 月第 1 版 • 第 9 次印刷
184mm×260mm • 12.5 印张 • 303 千字
标准书号：ISBN 978-7-111-62013-6
定价：49.00 元

电话服务
客服电话：010-88361066
010-88379833
010-68326294

网络服务
机　工　官　网：www.cmpbook.com
机　工　官　博：weibo.com/cmp1952
金　　书　　网：www.golden-book.com
机工教育服务网：www.cmpedu.com

前言

百年大计，教育为本。习近平总书记在党的二十大报告中强调“教育、科技、人才是全面建设社会主义现代化国家的基础性、战略性支撑”，首次将教育、科技、人才一体安排部署，赋予教育新的战略地位、历史使命和发展格局。需要紧跟新兴科技发展的动向，提前布局新工科背景下的计算机专业人才的培养,提升工科教育支撑新兴产业发展的能力。

计算机科学是建立在数学、物理等基础学科之上的一门基础学科，对于社会发展以及现代社会文明都有着十分重要的意义。

程序设计语言是计算机基础教育的最基本的内容之一。

本书面向高等院校非计算机类专业的各年级本科生，作为入门编程课程的教材。随着大数据时代的到来，编程语言的应用已经成为各专业所需，目前有不少高校已经面向全校各专业各年级开设《Python 程序设计》公共选修课。

在编程语言的世界里，Python 在近些年获得了最多的关注和发展，成为美国大学最受欢迎的程序设计语言。以美国斯坦福大学为例，该校从 2009 年开设 Python，之后每年新增 5 门左右与 Python 相关的课程，截止到 2015 年，该校共开设 22 门与 Python 相关的课程，并替换了之前的 Java 语言和部分专业的 C 语言课程。Python 是目前最为灵活、最接近自然语言的通用编程语言，功能强大，适合解决各类计算问题。Python 轻语法重应用的特性使得它非常容易上手，有助于初学者形成良好的编程习惯和思维，对于非计算机专业的本科生来说，Python 无疑成为开设程序设计语言课程的首选。

本书深入浅出，充分发挥 Python 语言易上手和擅长数据处理的特点，内容上既包括 Python 编程基础，又包括 Python 专业应用。一方面通过 Python 易上手的特点帮助学生构建良好的编程思维，另一方面通过 Python 擅长数据处理的特点帮助学生在自己的专业领域内形成自主学习应用 Python 的能力。全书内容共 10 章，分别是：Python 起步、基本数据类型、程序的控制结构、组合数据类型、函数、类、模块、文件和异常处理、网络数据爬取和数据可视化。本书采用任务驱动的教学理念，每章章首给出本章要完成的任务，所有知识点均围绕任务实现；编程基础和专业应用分别用两个完整案例贯穿，1～8 章的贯穿案例是“在程序的世界里看见自己”，9～10 章的贯穿案例是“在商务世界里看见数据”。本教材适用于 32～48 课时的弹性教学。1～8 章内容的教学大约需要 24 课时，9～10 章内容的教学则可根据专业需要进行选择，每章 8～12 课时。

本书由中央财经大学信息学院软件开发课程群教学团队编写完成，该团队成员具有多年程序设计和软件开发教学和实践经验，主持完成的教学成果“跨学科的软件开发课程群平台搭建及资源共享机制研究与实践”获 2013 年北京市高等教育教学成果二等奖。团队负责人章宁教授还主持有国家双语教学示范课程，采用全英文方式为计算机及其相关专业的本科生讲授 Python 语言及其应用。章宁教授负责本书的整体策划和最终统稿，并编写第 1、2 章；信息管理系李海峰副教授编写第 7、8、10 章，王悦副教授编写第 3、6 章；计算机系刘灿涛博士编写第 4、5 章，郭韦昱博士编写第 9 章。柳慧同学参与了全书的编写、校对及统稿工作，秦思佳同学参与了第 7、8、10 章的编写工作，姚苏芮同学参与了第 3 章的编写工作，刘嘉庆同学参与了第 6 章的编写工作。

由于作者水平有限，加之本书编写内容涉及广泛，且信息技术的发展日新月异，因此书中难免存在不妥之处，诚望读者批评赐教，为培养高等院校各年级各专业本科生的编程思维和专业应用能力共同努力。

编　者

目　录

第 1 章　Python 起步

本章将学习 Python 作为一种编程语言的特性，如何安装 Python 开发环境，如何运行 Python 程序，以及编写程序的一些基础知识，包括什么是数据类型、什么是变量、什么是函数、什么是语句等。在章首案例的指引下，本章将介绍如何创建你的第一个 Python 程序文件并运行它。

1.1　案例：在程序的世界里看见自己——世界你好

在本章案例中，将在编程语言的世界里和大家打个招呼。首先在用户终端输入自己的姓（last name）和名（first name），然后通过屏幕和大家打招呼，告诉大家你的姓名，如图 1-1 所示，前两行是输入，第三行是输出。

```
Please input your last name: Li
Please input your first name: Ming
Hello World! My last name is Li and my first name is Ming.
```

图 1-1　案例：世界你好

1.2　Python 的起源和特性

本节首先介绍 Python 的起源，然后介绍其作为一种编程语言的重要特性，最后对各类编程语言的流行程度进行比较。

1.2.1　Python 的起源

Python 的始创者是荷兰人 Guido von Rossum（图 1-2a）。1982 年，Guido 从阿姆斯特丹大学获得了数学和计算机硕士学位。1989 年圣诞节期间，在阿姆斯特丹，Guido 为了打发圣诞节的无趣，决心开发一个新的脚本解释程序。Python 的第一个公开发行版发行于 1991 年。Python 这一称号来自英国肥皂剧《Monty Python》（图 1-2b），之所以当初 Guido 用 Python 作为语言的名字，是因为他太喜欢这部肥皂剧了。

2000 年，Python 2.0 的正式发布，开启了其被广泛应用的新时代。2008 年，Python 3.0 正式发布，但是 3.0 版本无法向下兼容 2.0 版本的既有语法。2010 年，Python 2.x 系列发布了最后一版，即 2.7 版，从此终结了 2.x 系列版本的发展。

a)

b)

图 1-2　Guido 和他喜欢的肥皂剧

a) Guido von Rossum　b) 肥皂剧《Monty Python》

1.2.2　Python 的特性

除 Python 语言外，常用的编程语言还包括 C、C++、C#、Java、JavaScript、R、PHP、Ruby、Matlab、HTML、Perl、Fortran、谷歌的 Go 语言和苹果的 Swift 语言等。Python 是目前最为灵活、最接近自然语言的通用编程语言，它功能强大，适合解决各类计算问题，特别是数据获取和分析处理。

1．高级语言

编程语言包括机器语言、汇编语言和高级语言三大类。机器语言使用二进制代码表达指令，是计算机硬件可以直接识别和执行的编程语言，用机器语言编写程序十分烦冗，程序也难以阅读和修改。汇编语言使用助记符与机器语言中的指令进行一一对应，在计算机发展早期能够帮助程序员提高编程效率。汇编语言和机器语言统称为低级语言。高级语言是接近自然语言的编程语言，可以更容易地描述计算问题并利用计算机解决计算问题。第一个被广泛应用的高级语言是诞生于 1972 年的 C 语言，之后的 40 多年先后诞生了 600 多种编程语言，其中大多数语言由于应用领域狭窄而退出了历史舞台。

2．通用编程语言

通用编程语言是指能够用于编写多种用途程序的编程语言，语法中没有专门用于特定应用的程序元素，如 Python、C、C++、C#、Java 等。专用编程语言是指包含针对特定应用的程序元素，或者应用领域比较狭窄的编程语言，如 HTML、JavaScript、Matlab、PHP 等。Python 可以用于编写各个领域的应用程序，从科学计算、数据处理到人工智能、机器人、区块链，Python 语言都能够发挥重要作用。

3．动态语言

高级语言按照计算机执行方式的不同可以分成两类：采用解释执行的动态语言和采

用编译执行的静态语言。编译是将源代码（高级语言代码）转换成目标代码（机器语言代码）的过程，执行编译的计算机程序称为编译器（Compiler）。解释是将源代码逐条转换成目标代码同时逐条运行目标代码的过程，执行解释的计算机程序称为解释器（Interpreter）。解释和编译的区别在于：编译是一次性地翻译，一旦程序被编译，就不再需要编译器或者源代码；解释则在每次程序运行时都需要解释器和源代码。这两者的区别类似于外语资料的翻译和实时的同声传译。C、Java 是采用编译执行的静态语言，而 JavaScript、PHP 则是采用解释执行的动态语言。Python 语言是采用解释执行方式的现代动态语言，其解释器保留了编译器的部分功能，随着程序运行，解释器也会生成一个完整的目标代码，从而提升了计算机性能。

4．开源

开源（Open Source）指的是开放源代码，即源代码公开，任何人都可以访问、学习、修改甚至发布。Python 语言是开源项目的优秀代表，其解释器的全部代码都是开放的，任何计算机高手都可以为不断推动 Python 语言的发展做出贡献。Python 软件基金会（Python Software Foundation）作为一个非营利组织，拥有 Python 2.1 版本之后所有版本的版权，该组织致力于更好地推进并保护 Python 语言的开放性。世界各地的程序员通过开源社区贡献了十几万个第三方函数库，几乎覆盖了计算机技术的每个领域。

5．语法特点

1）简洁易学：Python 语言关键字少、结构简单、语法清晰，实现相同功能的代码行数仅为其他语言的 1/10～1/5，初学者可以在短时间内轻松上手。

2）强制可读：Python 语言通过强制缩进（类似文章段落的首行空格）来体现语句间的逻辑关系，显著提高了程序的可读性。

3）支持中文：Python 3.0 解释器采用 UTF-8 编码表达所有字符，可以表达英文、中文、韩文、法文等各类自然语言。

1.2.3　各类编程语言的比较

从 2014 年开始，IEEE Spectrum 杂志每年都会发布编程语言排行榜，2014～2017 年的榜单如图 1-3 所示。

Python 的排名从 2016 年开始就借助人工智能的发展持续上升，到 2017 年已经成为第一名。始终排在前四的 Python、C、Java 和 C++都拥有广大的用户群体，且用户总量也十分接近。C#、R 也是非常流行的编程语言。当然排行榜仅供参考，因为评价参数及权重不同，会导致不同的排行结果。

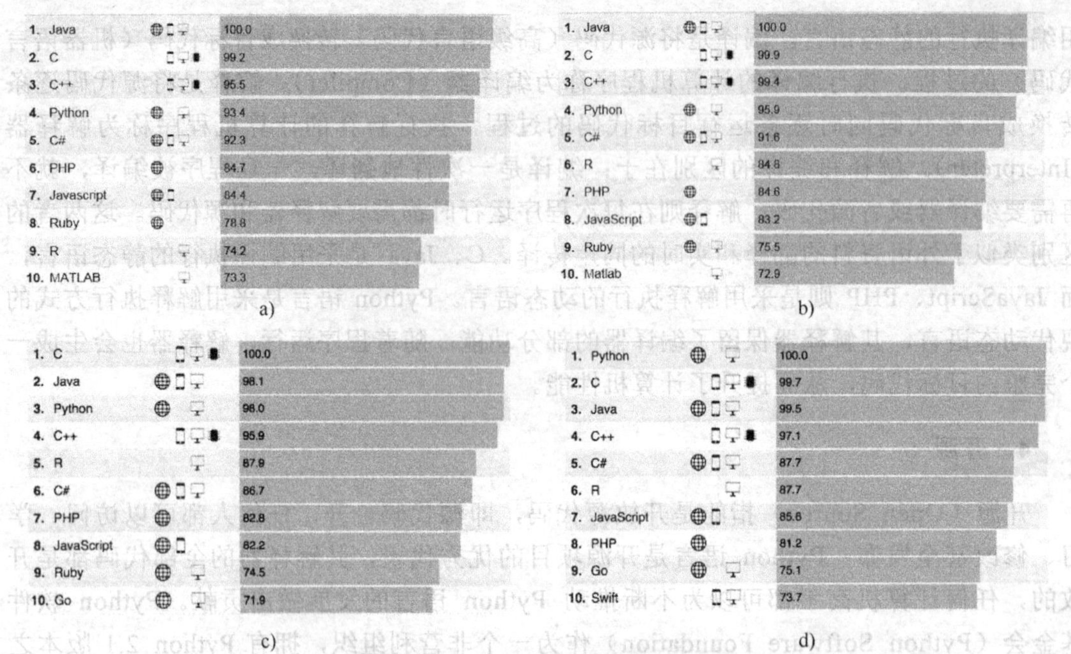

图 1-3　编程语言排行

a) 2014 年　b) 2015 年　c) 2016 年　d) 2017 年

1.3　安装和运行

本节将首先介绍如何搭建 Python 编程环境，然后在环境中创建第一个 Python 程序文件并运行。

1.3.1　搭建编程环境

打开 Python 官方主页“https://www.python.org/”，可以访问所有相关资源。

1．版本的选择

在主页上单击“downloads”，进入“https://www.python.org/downloads/”页面，可以看到当前最新版本，有 Python 2.x 和 Python 3.x 两个系列。Python 3.x 系列发布已达 8 年，目前已经非常成熟和稳定，全部的标准库和绝大多数第三方库都能够很好地支持 Python 3.x 系列，因此本书建议初次接触 Python 的读者，学习 Python 3.x 版本。本书内容也是围绕 Python 3 展开的。

2．下载并安装 Python 解释器

下载最新版本的 Python 解释器，单击图 1-4 中“Download Python 3.6.4”按钮，直接下载 Windows 操作系统的 Python 解释器，如果要下载其他操作系统的 Python 解释器，单击相应的操作系统链接，如 Linux/UNIX、Mac OS X。

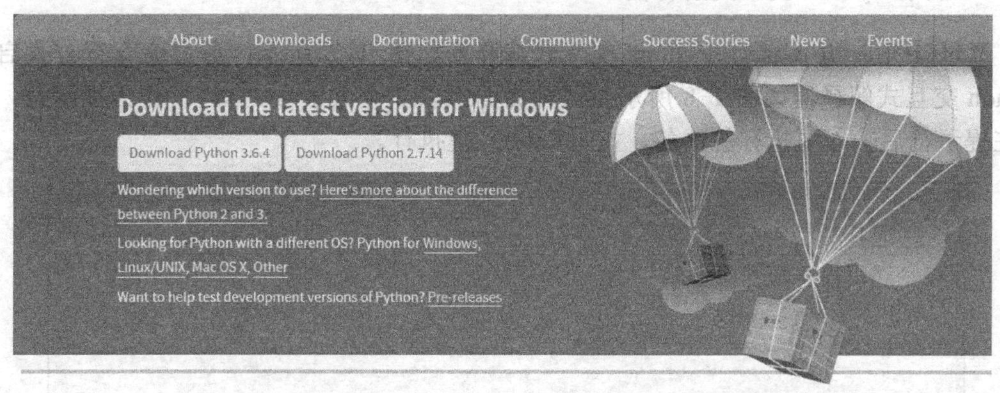

图 1-4　下载 Python 最新版本

双击下载的可执行文件“Python-3.6.4.exe”安装 Python 解释器，出现如图 1-5 所示的安装界面，勾选最下方的“Add Python 3.6 to PATH”复选框，选择“Install Now”将 Python 安装在默认路径下。如果要自行指定安装路径，选择“Customize installation”。等待安装过程，直至出现安装成功的界面。

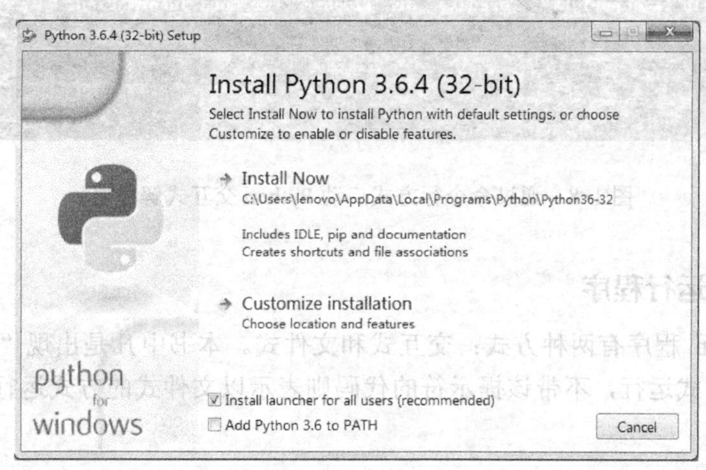

图 1-5　安装 Python 最新版本

安装完成后，在“程序”里就可以找到如图 1-6 所示的 Python 程序，其中 IDLE 是 Python 集成开发环境（Integrated Development Environment），也是最常使用的 Python 编程环境，Python 3.6 是 Python 命令行，也是常用的 Python 编程环境。

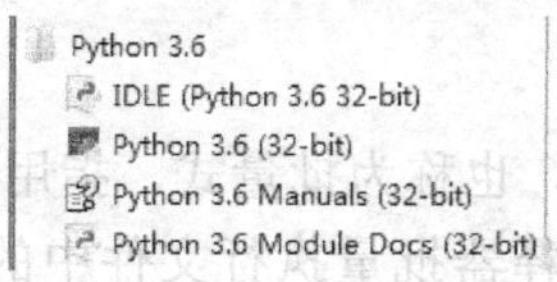

图 1-6　安装好的 Python 应用程序

3．启动 Python 交互式解释器

通过 IDLE 方式启动 Python 交互式解释器如图 1-7 所示，通过命令行方式启动 Python 交互式解释器如图 1-8 所示。两种界面都以 3 个大于号“>>>”作为提示符，可以在提示符后输入要执行的语句，按〈Enter〉键执行。

```
Python 3.6.4 Shell
File Edit Shell Debug Options Window Help
Python 3.6.4 (v3.6.4:d48eceb, Dec 19 2017, 06:04:45) [MSC v.1900 32 bit (Intel)] on win32
Type "copyright", "credits" or "license()" for more information.
>>>
Ln: 3 Col: 4
```

图 1-7　通过 IDLE 方式启动 Python 交互式解释器

```
Python 3.6 (32-bit)
Python 3.6.4 (v3.6.4:d48eceb, Dec 19 2017, 06:04:45) [MSC v.1900 32 bit (Intel)]
 on win32
Type "help", "copyright", "credits" or "license" for more information.
>>>
```

图 1-8　通过命令行方式启动 Python 交互式解释器

1.3.2　创建并运行程序

运行 Python 程序有两种方式：交互式和文件式。本书中凡是出现“>>>”，表示代码以交互式的方式运行，不带该提示符的代码则表示以文件式的方式运行。

1．交互式

交互式指 Python 解释器即时响应用户输入的每条代码，给出输出结果。例如，在图 1-7 和图 1-8 的提示符后分别输入 print("Hello World")语句，按〈Enter〉键后，可以看到语句的运行结果是在屏幕上输出“Hello World”。交互式一般用于调试少量代码。在提示符“>>>”后输入 exit()或者 quit()可以退出 Python 运行环境。

2．文件式

文件式是最常用的编程方式，也称为批量式，指用户将 Python 程序写在一个或多个文件中，然后启动 Python 解释器批量执行文件中的代码。在 IDLE 中，按快捷键〈Ctrl+N〉打开一个新窗口，或者在菜单中选择 File→New File 选项，在其中输入

Python 代码，并保存为.py 文件。例如，输入 print("Hello World")语句（图 1-9），在菜单中选择 File→Save As 选项，将文件保存为“hello.py”（图 1-10），选择想要保存文件的路径，单击“保存”按钮；按快捷键〈F5〉运行程序，或者在菜单中选择 Run→Run Module 选项，运行结果显示在 Python 交互界面中。

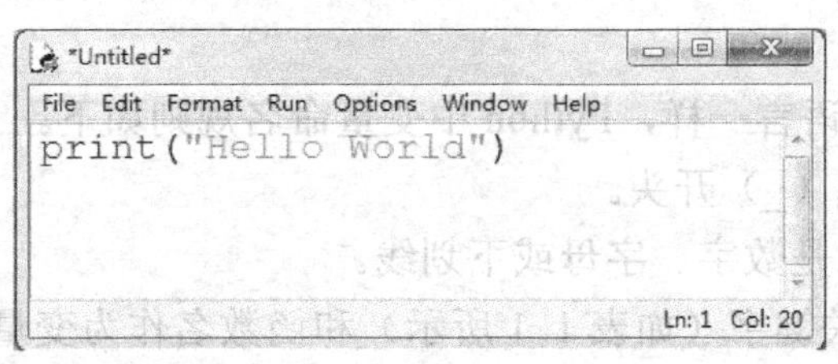

图 1-9　创建 Python 程序

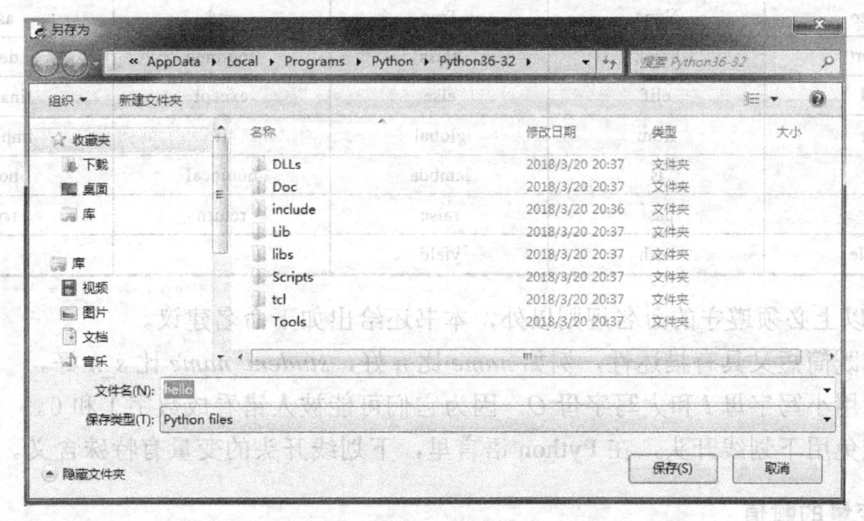

图 1-10　保存 Python 程序文件

1.4　Python 基础

本节将会介绍编写程序的一些基础概念，包括数据类型、变量、函数、语句等，理解了这些概念，才能开始编写程序。

1.4.1　数据类型

一种数据类型（type）是一系列值以及为这些值定义的一系列操作方法的集合。Python 的基本数据类型包括数字和字符串（详见第 2 章），如"Hello World"就是字符串数据类型。还有像列表、元组、字典这样的组合数据类型（详见第 4 章），如[1,2,3,4,5]就是一个列表。

1.4.2 变量

变量（variable）是编程语言中能存储计算结果或能表示值的抽象概念。在使用变量前，需要对其进行赋值，之后可以根据需要随时对变量重新赋值。

1. 变量的命名

与其他大多数高级语言一样，Python 中变量命名规则如下。

- 以字母或下划线（_）开头。
- 其他的字符可以是数字、字母或下划线。
- 不能将 Python 关键字（如表 1-1 所示）和函数名作为变量名。

表 1-1　Python 的 33 个关键字

False	None	True	and	as
assert	break	class	continue	def
del	elif	else	except	finally
for	from	global	If	import
in	is	lambda	nonlocal	not
or	pass	raise	return	try
while	with	yield		

除了以上必须遵守的命名规则以外，本书还给出如下命名建议。

- 应既简短又具有描述性，例如 *name* 比 *n* 好，*student_name* 比 *s_n* 好。
- 慎用小写字母 *l* 和大写字母 *O*，因为它们可能被人错看成数字 1 和 0。
- 避免用下划线开头，在 Python 语言里，下划线开头的变量有特殊含义。

2. 变量的赋值

变量赋值通过等号（=）来执行，如图 1-11 所示。1.2.2 节提到，Python 是一种动态语言，因此不需要预先声明变量的类型，变量的类型和值在赋值那一刻被初始化；同时变量的类型也是可以随时变化的，也就是说，可以先将某个变量赋值为一个字符串，然后又将其赋值为一个数字。

```
>>> myLastName = "Li"
>>> myFirstName = "Ming"
>>> myLastName
'Li'
>>> myFirstName
'Ming'
>>> print(myLastName)
Li
>>> print(myFirstName)
Ming
```

图 1-11　变量的赋值示例

📖 在交互式解释器中，可以用变量名查看该变量的原始值。注意与 print()函数输出结果的不同，直接用变量名查看，字符串带引号，而用 print()函数输出时不带引号。

1.4.3 函数

函数就像小型程序一样，可以用来实现特定的功能。Python 有很多函数，用户也可以自己定义函数。本小节主要介绍输入输出函数，在后续章节中还会学习到很多函数。

1. print()函数

前面已经用到 print()函数，它可以用来输出字符信息，也可以以字符形式输出变量。print()函数的参数是要输出的内容，比如 print("Hello World")。如果要将字符常量和变量连接起来一起输出，可以使用字符串的拼接符“+”，如图 1-12 所示。如果想要一个字符信息重复出现多次，可以使用“*”，“*”前是想要重复的字符信息，“*”后是要重复出现的次数。

```
>>> print("Hello World! My last name is " + myLastName + ".")
Hello World! My last name is Li.
```

图 1-12 print()函数示例

2. input()函数

从用户那里得到数据输入的最简单的方法是用 input()函数，它读取标准输入，并将读取到的数据赋值给指定的变量，无论用户输入什么内容，input()函数都以字符串类型返回结果。在获得用户输入之前，可以使用一些提示性文字，作为 input()函数的参数，如图 1-13 所示。

```
>>> myLastName = input("Please input your last name: ")
Please input your last name: Li
>>> myLastName
'Li'
>>> help(input)
Help on built-in function input in module builtins:

input(prompt=None, /)
    Read a string from standard input.  The trailing newline is stripped.

    The prompt string, if given, is printed to standard output without a
    trailing newline before reading input.

    If the user hits EOF (*nix: Ctrl-D, Windows: Ctrl-Z+Return), raise EOFError.
    On *nix systems, readline is used if available.
```

图 1-13 input()函数示例

📖 在交互式解释器中，如果不了解一个函数及其使用方法，可以调用 help()函数来获得帮助，如：help(input)。

1.4.4 语句

语句就是告诉计算机做某件事情的一条代码。

1. 赋值语句

前面提到，赋值是创建变量的一种方法。Python 语言中，“=”表示赋值，即将等号右侧的值赋给左侧变量，包含等号的语句称为赋值语句。此外，还有一种同步赋值语句，可以同时给多个变量赋值，如图 1-14 所示，变量 a 和 b 被分别赋值为 2 和 3。如果想交换两个变量的值，在其他编程语言里，需要用到一个中间变量（t）来保存其中一个变量的值（t=a），然后将另一个变量的值赋给这个变量（a=b），最后再将中间变量的值赋给另一个变量（b=t），但在 Python 语言里，可以直接交换两个变量的值，而无需中间变量。

```
>>> a,b = 2,3
>>> a
2
>>> b
3
>>> a,b = b,a
>>> a
3
>>> b
2
```

图 1-14　交换两个变量的值

同步赋值语句可以使赋值过程变得更简洁，通过减少变量使用，简化语句表达，增加程序的可读性。但是，应尽量避免将多个无关的单一赋值语句组合成同步赋值语句，否则会降低程序的可读性。一般来讲，如果多个单一赋值语句在功能上表达了相同或相关的含义，或者在程序中属于相同的功能，则都可以采用同步赋值语句。

2. 注释语句

编写程序时，注释是一项非常有用的功能，它能够让用户使用自然语言在程序中添加说明，从而提升代码的可读性。Python 使用“#”标示注释，从“#”开始直到此行结束的内容都是注释，“#”可以在一行的任何地方开始，解释器会忽略掉“#”之后的所有内容。

编写注释的主要目的是阐述代码要做什么，以及是如何做的。在程序的编写过程中，你对每条语句都很清楚，但过段时间以后，有些细节可能会遗忘，这时候注释就很有用。另外，编写的程序需要被别人阅读，注释能够帮助其他人快速理解所写程序。作为初学者，最值得养成的习惯之一就是，在代码中编写清晰、简洁的注释。

1.5 编程实践

【例 1-1】 打印分隔行，分隔行由 50 个分隔符组成，分隔符由用户输入。

```
sep = input("Please input the seperator: ")
sepLine = sep * 50
print(sepLine)
```

第一条语句接收用户输入的分隔符，存储在表示分隔符的变量 sep 中，然后将分隔符重复 50 次，存储在表示分隔行的变量 sepLine 中，最后将分隔行打印出来。

📖 试一试：将程序文件保存为 sep.py，运行，如果有错误修正程序；输入分隔符“*”，查看程序运行结果，再尝试输入“-”或者任何想要的分隔符，查看结果。

【例 1-2】 本章案例的实现。

```
# Input your name and say hello to the world
myLastName = input("Please input your last name: ")
myFirstName = input("Please input your first name: ")
print("Hello World! My last name is "+myLastName+" and my first name is "+myFirstName+".")
```

📖 试一试：将程序文件保存为 hello.py，运行，如果有错误修正程序；输入各项信息，检查程序运行结果是否正确。

1.6　本章小结

本章在介绍了 Python 的起源、特性以及如何搭建编程环境的基础上，以“在程序的世界里看见自己——世界你好”案例的实现为主线，将数据类型、变量、函数、语句等基础知识点贯穿，第一个 Python 程序文件就这样被创建并运行起来。

1.7　习题

1．概念题

1）高级语言和低级语言有什么不同？最早诞生的高级语言是哪种语言？

2）动态语言和静态语言有什么不同？Python 是哪一种？有什么特性？

3）目前最流行的编程语言都有哪些？Python 有哪些优势？

2．编程题

编写一个程序文件（swap.py），接收两个变量值的输入，交换它们的值，然后输出。

第2章 基本数据类型

本章将学习基本的数据类型，包括数字和字符串。Python 的标准数据类型除数字和字符串外，还包括列表、元组、字典等组合数据类型，这些类型将在第4章中学习。在章首案例的指引下，本章将详细介绍各种数字类型和字符串，以及它们适用的各种操作符、相关函数和方法。

2.1 案例：在程序的世界里看见自己——自我介绍

在本章案例中，将介绍关于自己的一些详细信息。首先通过用户终端输入自己的学号、姓名、性别、出生日期、用户名、所修的课程和所选的教材等基本信息，然后判断自己的出生年份是否为闰年，判断创建的用户名是否合法，最后通过用户终端将所有信息和判断结果输出。用户终端的输入和输出结果如图2-1所示。

```
Please input your number with 2 digits: 16
Please input your name (last,first): Li,Ming
Please input your birthday(mm/dd/yyyy): 10/1/2000
Please input your user name with 3 chars: l_m
Please input your course: Python
Please input your book (title,publisher,year):Python Programming,Machinery Industry Press,2018
My number: 16
My name: Li,Ming
My birthday: 10/01/2000
My username: l_m
My course: Python
My book: Python Programming     Machinery Industry Press        2018
My birth year 2000 is a leap year: True
My username l_m is valid: True
```

图2-1 案例：自我介绍

1. 输入部分

- 学号：2位数字。
- 姓名：先输入姓，然后输入名，中间用逗号分隔。
- 出生日期：按照mm/dd/yyyy的格式输入。
- 用户名：3个字符。
- 课程：输入课程名称。
- 教材：先输入书名，然后输入出版社，最后输入出版年份，均用逗号分隔。

2. 输出部分

- 学号：原样输出。

- 姓名：原样输出。
- 出生日期：如果是 1 位的月或日，在前面补 0，如 10/01；同时输出判断出生年份是否为闰年的结果。
- 用户名：原样输出，同时输出判断用户名是否合法的结果。
- 课程：原样输出。
- 教材：将分隔的逗号改为间隔一段距离。

2.2　数字

本节将会详细介绍每一种数字类型（Number）和它们适用的各种操作符，以及用于处理数字的内建函数。

2.2.1　数字简介

Python 支持多种数字类型，包括布尔型、整型、浮点型、复数等。

1．布尔型

布尔型（Boolean）只有两个值：True 或 False。对于值为零的任何数字或空集（空列表、空元组、空字典），在 Python 中的布尔值都是 False。在数学运算中，True 和 False 分别对应于 1 和 0。bool()是布尔型的转换函数，可以将其他数据类型转换为布尔型，示例如图 2-2 所示。

```
>>> bool(1)
True
>>> bool(0)
False
>>> bool('1')
True
>>> bool('0')
True
>>> bool([])
False
```

图 2-2　bool()函数示例

2．整型

整型（Integer）一般以十进制表示，但 Python 也支持采用八进制、十六进制或二进制来表示整型。八进制整型以数字“0o”或“0O”开始，十六进制整型则以“0x”或“0X”开始，二进制整型以“0b”或“0B”开始，如图 2-3 所示。int()是整型的转换函数，可以将其他数据类型转换为整型，最为常见的用法是将包含整数的字符串转换为整数，比如 int('23')，其结果为整数 23。

```
>>> 10
10
>>> 0o10
8
>>> 0x10
16
>>> 0b10
2
```

图 2-3　整型示例

3．浮点型

浮点型（Float）也称小数，可以直接用十进制或科学计数法表示。浮点数通常都有一个小数点和一个可选的后缀 e（大写或小写，表示科学计数法）。在 e 和指数之间可以用“+”或“-”表示正负，表示正数时“+”号可以省略。表 2-1 给出了一些浮点型的示例。float()是浮点型的转换函数，可以将其他数据类型转换为浮点型。

表 2-1　浮点型示例

十进制表示法	科学计数法	float()
0.0	4.3e25	float(12)
3.1415	9.384e-23	float(True)
-777.	4.2E-10	float('23.0')
-5.555567119	6.022E16	float(0x12)

📖 浮点型数字在运算过程中会出现误差。通常，浮点型的精度为 15 ~ 17 位有效数字。

4．复数

一个实数和一个虚数的组合构成一个复数（Complex）。实数（Real）部分和虚数（Imaginary）部分都是浮点型，虚数部分必须有后缀 j 或 J。虚数不能单独存在，必须和一个值为 0.0 的实数部分一起来构成一个复数。complex()是复数的转换函数，可以将其他数据类型转换为复数。复数对象有如表 2-2 所示的属性和方法，图 2-4 给出了具体示例。

表 2-2　复数的属性和方法

属性/方法	描　述
real	该复数的实数部分
imag	该复数的虚数部分
conjugate()	返回该复数的共轭复数

```
>>> myComplex = 4.23-8.5j
>>> myComplex.real
4.23
>>> myComplex.imag
-8.5
>>> myComplex.conjugate()
(4.23+8.5j)
```

图 2-4　复数示例

2.2.2　数字运算符

数字类型数据可以进行多种运算。

1．比较运算符

数字类型数据支持比较运算，用来比较数值的大小，返回布尔值 True 或 False。比较运算符如表 2-3 所示。这里需要特别注意的是，判断是否相等的比较运算符“==”为两个等号，它不同于一个等号的赋值运算符。与其他很多语言不同，在 Python 中，多个比较运算可以在同一行上进行，求值顺序为从左到右，例如：3<4<5。

表 2-3　比较运算符（优先级相同）

运 算 符	功　能	运 算 符	功　能
expr1 < expr2	expr1 小于 expr2	expr1 >= expr2	expr1 大于等于 expr2
expr1 > expr2	expr1 大于 expr2	expr1 == expr2	expr1 等于 expr2
expr1 <= expr2	expr1 小于等于 expr2	expr1 != expr2	expr1 不等于 expr2

2．逻辑运算符

逻辑运算符如表 2-4 所示，其优先级低于比较运算符，其中 not 的优先级高于 and 和 or。前面提到，Python 支持在同一行进行多个比较运算，其本质上是由 and 连接起来的多个表达式，如 3<4 and 4<5。

表 2-4　逻辑运算符（优先级从高到低）

运 算 符	功　能
not expr	expr 的逻辑非，优先级高于 and 和 or
expr1 and expr2	expr1 和 expr2 的逻辑与
expr1 or expr2	expr1 和 expr2 的逻辑或

3．算术运算符

Python 支持单目运算符和双目运算符，其优先级高于比较运算符。不同算数运算符的优先级如表 2-5 所示。

表 2-5　算术运算符（优先级从高到低）

运 算 符	功 能	运 算 符	功 能
expr1 ** expr2	求幂	expr1 // expr2	整除
+ expr	expr 的结果符号不变	expr1 % expr2	取余
- expr	对 expr 的结果符号取负	expr1 + expr2	加法
expr1 * expr2	乘法	expr1 - expr2	减法
expr1 / expr2	除法		

📖 整除运算符“//”返回比真正的商小的最接近的整数，比如 2//3 的结果为 0，而-2//3 的结果为-1。整除对复数不适用。

【例 2-1】 判定你的出生年份是否为闰年。判断闰年的条件是能被 4 整除但不能被 100 整除，或者能被 400 整除。

```
birthYear = int(input("Please input your birth year: "))
isLeapYear = (birthYear % 4 == 0)
isLeapYear = isLeapYear and (birthYear %100 != 0)
isLeapYear = isLeapYear or (birthYear % 400 == 0)
print(isLeapYear)
```

第一条语句接收用户的输入，输入的都是字符串，因此要用 int()将输入转换为整型才能进行运算。接下来判断 birthYear 是否为闰年，判断结果存入布尔型变量 isLeapYear 中，判断思路如图 2-5 所示。第二条语句判断是否能被 4 整除，第三条语句在能被 4 整除的基础上判断能否被 100 整除，第四条语句在能被 4 整除但不能被 100 整除的基础上判断能否被 400 整除。最后将判断结果打印出来。

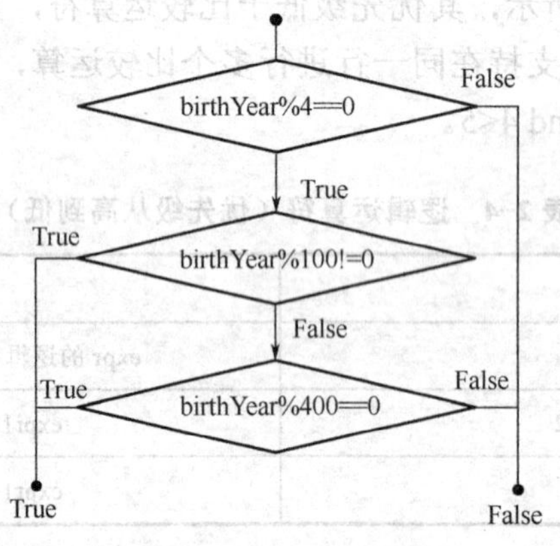

图 2-5　判断是否为闰年

注意程序中的以下几点：

1）birthYear%4、birthYear%100、birthYear%400 的结果，如果能被整除则等于 0，

如果不能被整除则不等于 0。

2）第三条语句的判断通过逻辑与连接起来，只有第一个操作数为 True 时，才去判断第二个操作数的值，即如果第二条语句的判断结果已经为 False（即不能被 4 整除），第三条语句不用再判断，其结果必然为 False。

3）第四条语句的判断通过逻辑或连接起来，只有第一个操作数为 False 时，才去判断第二个操作数的值，即如果第三条语句的判断结果已经为 True（即能被 4 整除且不能被 100 整除），第四条语句不用再判断，其结果必然为 True。

4）算术运算符（%）的优先级高于比较运算符（==、!=），比较运算符的优先级高于逻辑运算符（and、or），赋值运算符（=）优先级最低，括号内的运算优先级最高。为了避免优先级的混淆，可以通过加括号的方式增强程序的可读性。

试一试：将程序文件保存为 leapyear.py，运行，如果有错误修正程序；输入你的出生年份，再尝试输入 1996、1998、2000，检查程序运行结果是否正确。

4．Python 的自动类型转换

在数字运算中，如果两个操作数类型不一致，Python 会进行数字类型的强制转换，也就是说会强制将一个操作数转换为与另一个操作数相同的数据类型。数字类型的转换是自动进行的，程序员无须编码来处理类型转换。

类型转换的基本原则是：整型转换为浮点型，非复数转换为复数。具体规则如下：

- 如果两个操作数是同一种数据类型，无须进行类型转换。
- 如果有一个操作数是复数，另一个操作数被转换为复数，将非复数转换为复数，只需加一个“0j”的虚数部分。
- 如果有一个操作数是浮点型，另一个操作数被转换为浮点型，将整型转换为浮点型，只要在后面加个“.0”就可以了。

2.2.3　数字类型相关函数

前面提到的 bool()、int()、float()、complex()是数字类型的转换函数。除此之外，数字类型还可以使用如下几种函数。

1．type()

type()接受一个对象作为参数，并返回它的类型，其返回值是一个类型对象，如图 2-6 所示。“<…>”的语法格式是表示一个类型对象。

```
>>> type(5)
<class 'int'>
>>> type(5.0)
<class 'float'>
>>> type(5.0+2.0j)
<class 'complex'>
>>> type(type(5))
<class 'type'>
```

图 2-6　type()示例

2．数字运算函数

Python 的数字运算函数如表 2-6 所示，其中 divmod()是整除和取余运算的结合，返回值是商和余数的元组。

表 2-6　数字运算函数

函　数	功　能
abs(num)	返回 num 的绝对值
max(num1, num2, …)	返回若干个数字中的最大值
min(num1, num2, …)	返回若干个数字中的最小值
divmod(num1, num2)	返回一个元组(num1//num2, mum1%num2)，对复数不适用
pow(num1, num2, mod=1)	取 num1 的 num2 次方，再对 mod 取余
round(flt, ndig=0)	对浮点型 flt 进行四舍五入，保留 ndig 位小数

📖 Python3 里 round()的 4 舍 5 入，如果小数部分的数据是“5”时，情形较为复杂，并不一定都“入”，与保留小数位数相关。如果保留的小数位数为 0，round()遇 5 时向偶数取整。

图 2-7 给出了这些函数的具体例子，从图中可以看出，int()也可以用于浮点型的取整，取整时直接截去小数部分。

```
>>> abs(-1)
1
>>> divmod(10,3)
(3, 1)
>>> pow(5,2,3)
1
>>> round(1.5)
2
>>> round(2.5)
2
>>> int(2.6)
2
```

图 2-7　数字运算函数示例

3．str()和 chr()

str()是字符串的转换函数，可以将数字类型转换为字符串。chr()是 ASCII 转换函数，在计算机里，每一个字符对应一个唯一的整型值（即 ASCII 码值，0～255），chr()就是通过这个整型值找到相应的字符。例如，字符“A”的 ASCII 码值为 65，字符“a”的 ASCII 码值为 97，字符“0”的 ASCII 码值为 48，如图 2-8 所示。

📖 print 语句在输出时会自动调用 str()，将对象转换为字符串后再输出。

```
>>> str(48)
'48'
>>> chr(48)
'0'
>>> int(str(48))
48
>>> int(chr(48))
0
```

图 2-8　str()和 char()示例

2.3 字符串

字符串类型是 Python 里面最常见的数据类型。本节将会详细介绍字符串及其适用的各种操作符，以及用于处理字符串的内建函数。

2.3.1 字符串简介

字符串（String）就是字符的序列。

1. 字符串的表示

在 Python 里，字符串可以用单引号、双引号或三引号括起，但必须配对，其中三引号既可以是三个单引号，也可以是三个双引号，如图 2-9 所示。单引号和双引号的作用相同，而用三引号括起来的字符串支持换行。换行符是一种特殊的字符，无法用普通字符形式表示，而用“\n”（newline）表示，这种字符称为转义字符，用反斜线开头。常用的转义字符如表 2-7 所示。

```
>>> myNumber = '16'
>>> myName = "Li, Ming"
>>> myCourse = '''Python'''
>>> myBook = """Python Programming
Machinery Industry Press
2018"""
>>> myBook
'Python Programming\nMachinery Industry Press\n2018'
```

图 2-9　字符串表示示例

表 2-7　转义字符

转 义 字 符	含　义	转 义 字 符	含　义
\n	换行符	\t	制表符
\r	回车符	\'	单引号
\"	双引号	\\	反斜线

制表符“\t”（tab）也是一种常用的转义字符，其功能是在不使用表格的情况下在垂直方向按列对齐文本，如图 2-10 所示。

```
>>> myBook = """Python Programming\tMachinery Industry Press\t2018"""
>>> print(myBook)
Python Programming      Machinery Industry Press        2018
```

图 2-10　制表符示例

由于单引号和双引号被用来括起字符串，如果在字符串内出现单引号或双引号，就会被认为是字符串的结束，而如果在前面加上反斜线，Python 就会视其为单引号或双引号本身而不是字符串的结束。例如，如果使用如下的表示会出现语法错误："Tom said, "Hello World!""，因为字符串到出现第二个双引号时就结束了，后面的表示就是错误的；正确的表示是："Tom said, \"Hello World!\""。Python 还支持不同引号的互相嵌套，用来表示复杂字符串，例如，之前的字符串这样表示更为简单：'Tom said, "Hello World!"'，单引号括起的字符串里面嵌套了一个双引号括起的字符串，只有配对的引号才会认为是字符串的结束，互不干扰。

反斜线本身具有特殊含义，它是转义字符的开头，而如果在字符串里本身就包含反斜线的字符，则需要用“\\”表示。例如，文件路径的字符串表示里就包含反斜线，如果只用“\”而不用“\\”就容易出现错误。

🕮 试一试：输入 path="C:\Program Files\"，会出现什么错误，为什么？如何修正？

2．字符

Python 里面没有字符（Char）这个类型，而是用长度为 1 的字符串来表示字符，可以用方括号加索引号（也称为下标）的方式来访问字符串中的某一个字符。索引号从 0 开始，最大值为字符串的长度-1。Python 允许用负值作为下标来提取字符串里的字符，-1 表示最后一个字符，依次类推。例如，以图 2-9 中的语句为例，myCourse[3]和 myCourse[-3]的值都是“h”。

3．空串

空串即空字符串，是一个不包含任何内容的字符串，可以表示为''、""、""""。常用的方式是通过赋值一个空串来初始化或清空一个字符串变量。需要注意的是，空串并不是包含空格的字符串（表示为' '、" "、""" """），空格也是一个字符，有 ASCII 码值，其值为 32，即 chr(32)的值为包含空格的字符串。

2.3.2 字符串运算符

字符串类型也支持比较运算，比较是按照字符的 ASCII 码值的大小进行的。除此之外，常用的字符串运算符还包括连接运算符、切片运算符、成员运算符和格式化运算符。

1．连接运算符

连接运算符的作用是把一个序列和另一个相同类型的序列做连接，对于字符串类型来说，就是把两个或更多个字符串连接成为一个更长的字符串，连接运算符用加法运算符表示。对一个字符串做几次重复的连接，这种操作用乘法运算符表示，另一个操作数是整数，表示重复的次数。图 2-11 给出了连接运算符的示例，连接起来的字符串既包括常量也包括变量。

2．切片运算符

切片运算符的作用是通过指定下标范围来获得一个序列的一组元素，对于字符串类型来说就是取出已有字符串中的一部分（子串）成为一个新的字符串。切片运算符用冒号表示，其描述形式为：s[m:n:d]，得到在 s[m]到 s[n-1]的范围内按 d 的步长选出字符而形成的字符串。其中 s 是字符串，m、n、d 都是整数，切片描述中必须包含冒号，但 m、n、d 都可以省略。m 省略时默认为 0（从头开始），n 省略时默认为字符串长度-1（直到末尾），d 省略时默认为 1（按顺序选出字符），如果都省略，表示整个字符串。图 2-12 给出了切片运算符的示例。

```
>>> myInfo = "My number: " + myNumber + "\nMy name: " + myName + "\nMy
course: " + myCourse + "\nMy book: " + myBook + "\n"
>>> print(myInfo)
My number: 16
My name: Li, Ming
My course: Python
My book: Python Programming     Machinery Industry Press        2018

>>> print(myInfo*3)
My number: 16
My name: Li, Ming
My course: Python
My book: Python Programming     Machinery Industry Press        2018
My number: 16
My name: Li, Ming
My course: Python
My book: Python Programming     Machinery Industry Press        2018
My number: 16
My name: Li, Ming
My course: Python
My book: Python Programming     Machinery Industry Press        2018
```

图 2-11　连接运算符示例

```
>>> myCourse[::2]
'Pto'
>>> myCourse[1:4]
'yth'
>>> myCourse[:4]
'Pyth'
>>> myCourse[1:]
'ython'
>>> myCourse[1:4:2]
'yh'
```

图 2-12　切片运算符示例

📖 试一试：用负数作为下标来实现图 2-12 的例子。

3. 成员运算符

成员运算符是用来判断一个元素是否属于一个序列的，对于字符串类型来说，就是判断一个字符（也可以是一个子串）是否出现在一个字符串中。成员运算符用“in”或“not in”表示，返回值是布尔值 True 或 False。

【例 2-2】 判定你的用户名是否合法。可使用英文小写、数字和下划线，第一个字符必须是字母，最后一个字符不能是下划线。限定三个字符。

```
userName = input("Please input your user name with 3 chars: ")
numbers = '0123456789'
alphas = 'abcdefghijklmnopqrstuvwxyz'
symbol = '_'
isValid = userName[0] in alphas
isValid = isValid and (userName[1] in alphas + numbers + symbol)
isValid = isValid and (userName[2] in alphas + numbers)
print(isValid)
```

合法的用户名要求输入的每一个字符都符合要求，因此用逻辑与将对三个字符的判断连接起来。第一个字符只能是字母，第二个字符可以是字母、数字和下划线，第三个字符可以是字母和数字。这个例子中除了使用成员运算符外，还使用了连接运算符。

📖 试一试：将程序文件保存为 idcheck.py，运行，如果有错误请修正程序；输入你的用户名，例如：l_m、l16、016，检查程序运行结果是否正确。

4. 格式化运算符

格式化运算符只适用于字符串，用于指定字符串的格式。格式化运算符用“%”表示；左边的操作数是格式化字符串，其中包含格式符，这些格式符为真实值预留位置，并说明真实数值应该呈现的格式；右边的操作数是一个元组，将多个值传递给格式化字符串，每个值对应一个格式符。表 2-8 列出了一些常用的格式符，表 2-9 列出了格式符中一些常用的辅助符号。图 2-13 给出了格式化运算符的示例。

表 2-8 格式符

格 式 符	格 式	格 式 符	格 式
%c	单个字符，用 chr()	%s	字符串，用 str()转换
%d 或%i	十进制整型	%f 或%F	浮点型
%e 或%E	浮点型的科学计数法	%%	输出一个单一的%

表 2-9 格式符中的辅助符号

辅 助 符 号	作 用
m.n	m 是显示的最小总宽度，n 是小数点后的位数（如果有的话）
0	位数显示不够 m 时，前面用 0 填充，而不是默认的空格

```
>>> "%2d/%2d(MM/DD)" % (10,1)
'10/ 1(MM/DD)'
>>> "%02d/%02d(MM/DD)" % (10,1)
'10/01(MM/DD)'
>>> "%s's birthday: %02d/%02d(MM/DD)" % ("Ming Li",10,1)
"Ming Li's birthday: 10/01(MM/DD)"
```

图 2-13　格式化运算符示例

“%2d”是以两位的宽度显示十进制整型（上例中的月和日），当整数不足两位时，默认用空格填充，如果想用 0 来填充，则需要加入辅助符号“0”，即“%02d”。

2.3.3　字符串相关函数和方法

1．字符串相关函数

字符串类型也可以使用 type()，返回的是 str 类型。和数字类型一样，字符串类型也可以使用 max()和 min()，返回的是字符串中最大和最小的字符（按 ASCII 码值）。除此之外，字符串还可以使用 len()和 ord()。len()返回序列类型中元素的个数，对于字符串类型来说，就是字符串中字符的个数。ord()是 chr()的配对函数，它以一个字符作为参数，返回对应的 ASCII 码值，如 ord('0')的结果是 48。

2．字符串相关方法

字符串方法和函数的区别在于，字符串函数的参数是字符串，而字符串方法是隶属于字符串这个类的功能，调用方法是点成员（字符串.方法）的方式。表 2-10 列出了字符串相关的一些常用方法，图 2-14 给出了具体示例。

表 2-10　字符串相关方法

方　法	功 能 描 述
string.capitalize()	返回将 string 首字母大写的字符串，string 不变
string.count(str,beg=0,end=len(string))	返回 str 在 string 中 beg 和 end 范围内出现的次数
string.endswith(obj, beg=0,end=len(string))	判断在 string 中 beg 和 end 范围内是否以 obj 结束，如果是则返回 True，否则返回 False
string.find(str,beg=0,end=len(string))	在 string 中 beg 和 end 范围内查找 str，如果没找到返回-1，如果找到，返回开始的下标
string.isalnum()	string 至少有一个字符且所有字符都是字母或数字时返回 True，否则返回 False
string.ispha()	string 至少有一个字符且所有字符都是字母时返回 True，否则返回 False
string.isdigit()	string 只包含数字时返回 True，否则返回 False
string.islower()	如果 string 中至少包含一个区分大小写的字符且这些字符都是小写，则返回 True，否则返回 False
string.isspace()	string 只包含空格时返回 True，否则返回 False
string.isupper()	如果 string 中至少包含一个区分大小写的字符且这些字符都是大写，则返回 True，否则返回 False

（续）

方　法	功 能 描 述
string.join(seq)	以 string 作为分隔符，将 seq 中的所有元素合并为一个字符串
string.lower()	返回将 string 中所有大写字符转换为小写的字符串
string.lstrip()	去掉 string 开头的空格
string.partition(str)	从 str 出现的第一个位置起，把 string 分成一个三元组(string_pre_str,str, string_post_str)
string.replace(str1,str2, num= string.count(str1))	把 string 中的 str1 替换成 str2，替换次数不超过 num 次
string.rstrip()	去掉 string 末尾的空格
string.split(str=" ", num=string.count(str))	以 str 为分隔符切片 string，分隔出 num 个子串
string.startswith(obj, beg=0, end=len(string))	判断在 string 中 beg 和 end 范围内是否以 obj 开头，如果是则返回 True，否则返回 False
string.strip()	去掉 string 开头和末尾的空格
string.title()	将 string 中所有单词的首字母大写
string.upper()	返回将 string 中所有小写字符转换为大写的字符串

在图 2-14 所示的示例中，lower()方法并没有改变原始字符串的值，改变的值作为 lower()方法的返回值返回了。最复杂的例子是最后一行，首先调用字符串的 split()方法，以制表符“\t”作为分隔符分隔字符串，返回一个包含分隔开子串的列表，然后调用字符串“,”的 join()方法，即以逗号为分隔符将这些子串又重新串在一起。

```
>>> myBook = "Python Programming\tMachinery Industry Press\t2018"
>>> myBook.lower()
'python programming\tmachinery industry press\t2018'
>>> myBook.endswith("18")
True
>>> myBook.find("pr")
-1
>>> myBook
'Python Programming\tMachinery Industry Press\t2018'

>>> myBook.count('Pr')
2
>>> myBook.find('Pr')
7
>>> myBook.find('Pr',8)
38
>>> myBook.split('\t')
['Python Programming', 'Machinery Industry Press', '2018']
>>> ','.join(myBook.split('\t'))
'Python Programming,Machinery Industry Press,2018'
```

图 2-14　字符串相关方法示例

2.4　编程实践

【例 2-3】 本章案例的实现。

```
myNumber = input("Please input your number with 2 digits: ").strip()
myName = input("Please input your name (last,first): ").strip()
myBirthday = input("Please input your birthday(mm/dd/yyyy): ").strip()
myUsername = input("Please input your user name with 3 chars: ").strip()
myCourse = input("Please input your course: ").strip()
myBook = input("Please input your book (title,publisher,year): ").strip()

birthMonth = int(myBirthday.split("/")[0])
birthDay = int(myBirthday.split("/")[1])
birthYear = int(myBirthday.split("/")[2])
isLeapYear = (birthYear % 4 == 0)
isLeapYear = isLeapYear and (birthYear %100 != 0)
isLeapYear = isLeapYear or (birthYear % 400 == 0)

userName = "%3s" % myUsername
numbers = '0123456789'
alphas = 'abcdefghijklmnopqrstuvwxyz'
symbol = '_'
isValid = userName[0] in alphas
isValid = isValid and (userName[1] in alphas + numbers + symbol)
isValid = isValid and (userName[2] in alphas + numbers)

myInfo = "My number: " + myNumber + "\nMy name: " + myName
myInfo = myInfo + "\nMy birthday: %02d/%02d/%4d" % (birthMonth,birthDay,birthYear)
myInfo = myInfo + "\nMy username: " + myUsername + "\nMy course: " + myCourse
myInfo = myInfo + "\nMy book: " + '\t'.join(myBook.split(','))
print(myInfo)
print("My birth year %s is a leap year: %s" % (birthYear,isLeapYear))
print("My username %s is valid: %s" % (userName,isValid))
```

📖 试一试：将程序文件保存为 myinfo.py，运行。如果有错误请修正程序；输入你的各项信息，检查程序运行结果是否正确。

2.5　本章小结

本章以“在程序的世界里看见自己——自我介绍”案例的实现为主线将知识点全部贯穿，详细介绍了数字和字符串两种基本数据类型。

数字类型包括布尔型、整型、浮点型和复数，运算符包括比较运算符（==、!=、

<、>、<=、>=）、逻辑运算符（not、and、or）和算术运算符（**、%、+、–、*、/、//），常用函数包括 type()和数字运算函数（abs()、divmod()、pow()、round()）等。

字符串类型可以通过单引号、双引号和三引号 3 种方式进行表示，通过下标可以访问其中某个字符。常用的字符串运算符包括连接运算符（+）、切片运算符（:）、成员运算符（in、not in）和格式化运算符（%）。字符串的相关方法有很多，常见的有 find()、lower()、join()、split()和 strip()等。

2.6 习题

1. 概念题

1）什么样的数字和字符串转换为布尔型时值为 False？

2）什么是转义字符？有哪些常用的转义字符？

2. 编程题

1）简化例 2-1 的程序，用一条语句判断是否为闰年。

2）用户输入一个三位自然数，计算并输出其百位、十位和个位上的数字。

第 3 章　程序的控制结构

本章将学习程序的 3 种基本控制结构：顺序、分支、循环。它们与第 5 章即将介绍的函数结合在一起，是结构化程序的支持要素。

日常生活中充满了这 3 种控制结构，而程序是用来解决生活中的计算问题。顺序结构是指一步接一步地做某件事，前后顺序不能颠倒。例如，煎鸡蛋时，先打好鸡蛋；倒油，将油加热；等油烧热后放入鸡蛋——这三步依次完成，就是一个顺序结构。在第 2 章的例 2-1 中，判断闰年的小程序也是顺序结构，是从上到下一行一行地执行代码。分支结构在生活中也很常见。例如，下雨时，出门带伞；不下雨时，出门不带伞——这是一个双分支结构；如果你中学时选择考大学，如果在填报志愿时报考我校，如果考上了我校，如果在上大学后选修了《Python 程序设计》这门课，你就看到了这本书（如果以上某一处条件不满足时，你将走入另一个分支）——这是一个多分支结构。循环结构也会出现在生活中。举个例子，你周一到周五每天上课，下周、下下周……直到学期结束时都是这样——循环往复地做同一件事，这就是循环结构。

通过本章的学习，你将发现许多程序都可以用这 3 种控制结构来表示。换而言之，当你拿到一个编程问题时，要想方设法地用它们来表达你的问题，以形成一个结构化的程序。

3.1　案例：在程序的世界里看见自己——查看个人信息

在本章案例中，将查看你的个人信息，主要包括以下内容。

1）给定身高和体重，计算你的 BMI 指数，根据该值的所在范围输出你的胖瘦程度。

2）使用循环遍历你的课程列表，找出包含“数”字的课程。

3）循环玩一个猜数字游戏，猜计算机产生的随机数，直到猜中。

4）使用嵌套循环打印出一周的课表。

5）在课程列表中，当找到“Python 程序设计”的课程时，提前退出。

6）在课程列表中，找到不是“Python 程序设计”的课程。

7）在编程实践中，介绍了迭代法、穷举法以及逐步求精的一般编程方法。

3.2　结构化程序设计简介

从本章开始，将逐渐编写越来越复杂的程序。在 20 世纪 50 年代，最早的程序员们就发现，随着程序越来越复杂，里面包含的计算任务将千头万绪，编写、读、修改和排错都会变得非常困难。

1965 年，著名的计算机科学家，荷兰人 E. W. Dijkstra（迪克斯特拉）提出了结构化程序设计的思想，它是软件发展的一个重要的里程碑。结构化程序设计的主要观点是采用“自顶向下、逐步求精”及“模块化”的程序设计方法；使用 3 种基本的控制结构来构造一个程序，任何程序都可由顺序、分支、循环这 3 种结构来构造。这使得程序的理解（易读性）和修改更容易。

在表达程序流程时，一般用图 3-1 所示的流程图符号来表示，感兴趣的读者可做进一步了解。

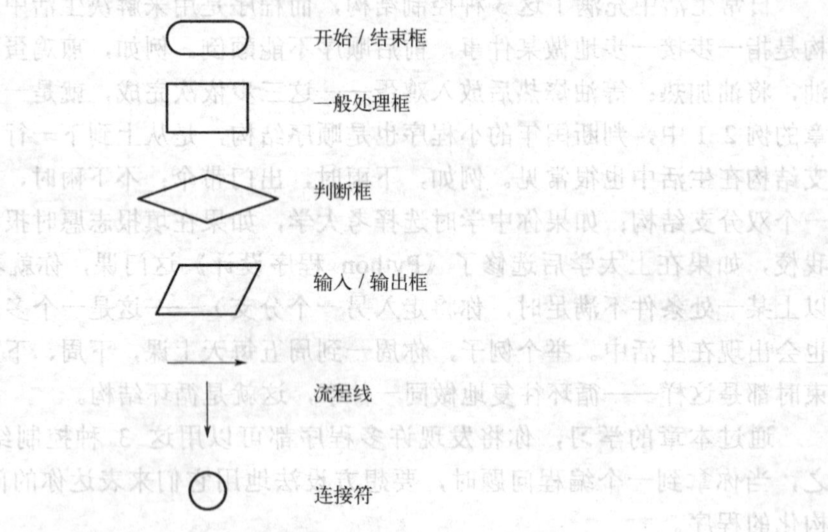

图 3-1　流程图的常用符号

最后，模块化程序设计是结构化程序设计里的一种非常重要的思想，它将程序划分成一个个功能模块，定义成函数，相关方面内容见第 5 章。

3.3　分支结构

分支结构，又称为选择结构，它规定了当条件满足时和不满足时程序的走向。常见的分支结构有：单分支结构、双分支结构和多分支结构。

3.3.1　条件表达式

条件表达式是一个用来判断真假的表达式。它常常与关系表达式结合起来使用。

在第 2 章的例 2-1 中，判断闰年的条件是该年份（用变量 year 表示）能被 4 整除但不能被 100 整除，或者能被 400 整除。其中，year % 4 == 0，year % 100 != 0，year % 400 == 0 就是关系表达式（顾名思义，就是判断数量大小关系的表达式）。关系表达式的值是布尔型的：True（T）或 False（F）[⊖]。因此，单个的关系表达式本身就是一个条件表达式。进一步，可以将多个关系表达式用逻辑运算符（and, or, not）连接起来构成一个复合的表达式，其运算结果是 True 或 False，这也是条件表达式。再进一步，将多个条件表达式用逻辑运算符连接起来，也构成条件表达式。

【例 3-1】 写出判断闰年的条件表达式。

由以上讨论可知，该条件表达式如下。

```
year % 4 == 0 and year % 100 != 0 or year % 400 == 0
```

输入和输出如图 3-2 所示。该条件表达式判断出 2000 年和 2004 年是闰年，而 1990 年是平年。

```
>>> year = 2004
>>> year % 4 == 0 and year % 100 != 0 or year % 400 == 0
True
>>> year = 1990
>>> year % 4 == 0 and year % 100 != 0 or year % 400 == 0
False
>>> year = 2000
>>> year % 4 == 0 and year % 100 != 0 or year % 400 == 0
True
>>>
```

图 3-2　例 3-1 的输入和输出

📖 上面的条件表达式也可写作：year % 400 == 0 or year % 4 == 0 and year % 100 != 0，由于 and 比 or 的优先级高，所以它表示 year % 400 == 0 or (year % 4 == 0 and year % 100 != 0)。注意：运算优先级会影响计算结果，例如，True or True and False 的结果是 True，而(True or True) and False 的结果是 False。建议：若不了解运算符的优先级，可加上括号对高优先级的运算进行保护。

3.3.2　if 单分支语句

分支结构的第一种形式是 if 单分支语句，其一般形式如下。

```
if 条件表达式:
    语句序列 1
```

if 单分支语句的流程图如图 3-3 所示。如果条件表达式的值为 True，则执行冒号后的缩进的语句序列，否则跳过它。

【例 3-2】 输入你的身高 h（米）、体重 w（千克），计算 BMI（身体质量指数）指数 $BMI=w/h^2$。如果你是肥胖体重（28≤BMI<32），显示提示信息。测评结束后，打印“测评结束”。

⊖ 在计算机内部，一般用 1 表示 True，用 0 表示 False。

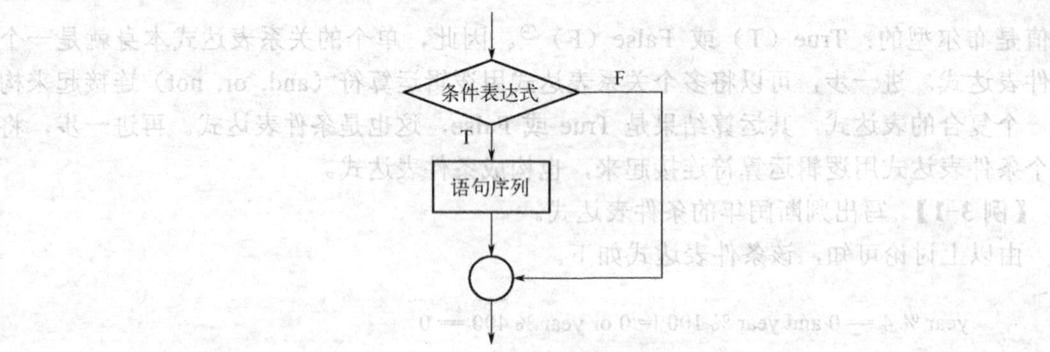

图 3-3　if 单分支语句的流程图

```
h = float(input('请输入你的身高（米）：'))
w = float(input('请输入你的体重（千克）：'))
BMI = w / h ** 2
if BMI >= 28 and BMI < 32:
        print('肥胖')
print('测评结束。')
```

📖 注意：不用 28 <= BMI < 32 的写法，而要用逻辑运算符连接多个条件。

输入和输出如图 3-4 所示。

```
请输入你的身高（米）：1.62
请输入你的体重（千克）：75
肥胖
测评结束。
请输入你的身高（米）：1.62
请输入你的体重（千克）：50
测评结束。
```

图 3-4　例 3-2 的输入和输出

3.3.3　if-else 双分支语句

分支结构的第二种形式是 if-else 双分支语句，其一般形式如下。

```
if 条件表达式:
    语句序列 1
else:
    语句序列 2
```

if-else 双分支语句的流程图如图 3-5 所示。如果条件表达式的值为 True，则执行 if 语句冒号后的缩进的语句序列 1，否则执行 else 冒号后的缩进的语句序列 2。

【例 3-3】 扩展例 3-2，当你的体重不是肥胖时也显示一条提示信息。

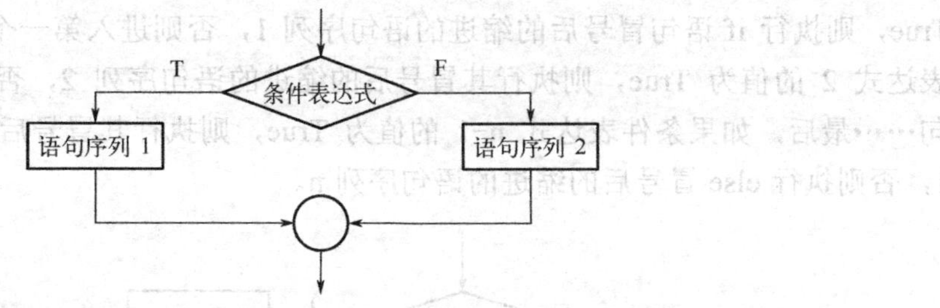

图 3-5　if-else 双分支语句的流程图

```
h = float(input('请输入你的身高（米）：'))
w = float(input('请输入你的体重（千克）：'))
BMI = w / h ** 2
if BMI >= 28 and BMI < 32:
        print('肥胖')
else:
        print('不是肥胖')
print('测评结束。')
```

输入和输出如图 3-6 所示。

```
请输入你的身高（米）：1.62
请输入你的体重（千克）：75
肥胖
测评结束。
请输入你的身高（米）：1.62
请输入你的体重（千克）：50
不是肥胖
测评结束。
```

图 3-6　例 3-3 的输入和输出

3.3.4　if-elif-…-else 多分支语句

分支结构的第三种形式是 if-elif-…-else 多分支语句，其一般形式如下。

```
if 条件表达式 1:
    语句序列 1
elif 条件表达式 2:
    语句序列 2
…
elif 条件表达式 n-1:
    语句序列 n-1
else:
    语句序列 n
```

if-elif-…-else 多分支语句的流程图如图 3-7 所示。如果条件表达式 1 的值为

True，则执行 if 语句冒号后的缩进的语句序列 1，否则进入第一个 elif 语句，如果条件表达式 2 的值为 True，则执行其冒号后的缩进的语句序列 2，否则进入下一个 elif 语句……最后，如果条件表达式 n-1 的值为 True，则执行其冒号后的缩进的语句序列 n-1，否则执行 else 冒号后的缩进的语句序列 n。

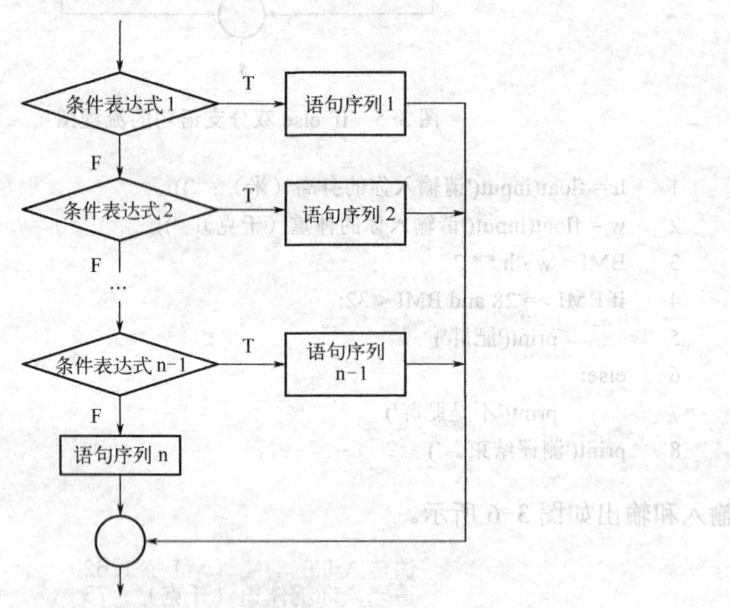

图 3-7　if-elif-…-else 多分支语句的流程图

由上所述，多分支结构是一个多重嵌套的分支结构，它的等价表述如下。

```
if 条件表达式 1:
    语句序列 1
else:
    if 条件表达式 2:
        语句序列 2
    else:
                    …
                    if 条件表达式 n-1:
                        语句序列 n-1
                    else:
                        语句序列 n
```

【例 3-4】 对不同级别的体重指数提示相应的信息。已知：

当 BMI < 18.5 时，你是过轻体重；

当 18.5 ≤ BMI < 24 时，你是正常体重；

当 24 ≤ BMI < 28 时，你是过重体重；

当 28 ≤ BMI < 32 时，你是肥胖体重；

当 BMI ≥ 32 时，你是非常肥胖体重。

```
1   h = float(input('请输入你的身高（米）：'))
2   w = float(input('请输入你的体重（千克）：'))
3   BMI = w / h ** 2
4
5   if BMI < 18.5:
6       result = '过轻'
7   elif BMI < 24:
8       result = '正常'
9   elif BMI < 28
10      result = '过重'
11  elif BMI < 32:
12      result = '肥胖'
13  else:
14      result = '非常肥胖'
15  print(result)
16  print('测评结束。')
```

📖 想一想：第 7 行不必写为 elif BMI >= 18.5 and BMI < 24，这是为什么？原因是，elif 的含义是 else if，本身已经蕴含了 BMI >= 18.5 的情况。

输入和输出如图 3-8 所示。

```
请输入你的身高（米）：1.62
请输入你的体重（千克）：40
过轻
测评结束。

请输入你的身高（米）：1.62
请输入你的体重（千克）：50
正常
测评结束。

请输入你的身高（米）：1.62
请输入你的体重（千克）：65
过重
测评结束。

请输入你的身高（米）：1.62
请输入你的体重（千克）：75
肥胖
测评结束。

请输入你的身高（米）：1.62
请输入你的体重（千克）：90
非常肥胖
测评结束。
```

图 3-8　例 3-4 的输入和输出

3.4 循环结构

循环结构是为反复执行某段语句序列而设置的一种程序结构。它由循环条件和循环体两部分构成。

3.4.1 for 语句和 range()函数

循环结构的第一种形式是 for 语句，常与 range()函数搭配使用，其一般形式如下。

```
for 循环计数器变量 in range(起始值, 终止值, 步长):
    循环体
```

for 循环是一种计数循环。所谓计数循环，是指循环次数是事先固定下来的。循环中，用一个循环计数器变量来控制循环次数，该计数器的值从 0 开始，每次执行一次循环体的语句序列，随后计数器的值增加一个步长，直到终止值为止（不含），这时循环结束。for 还有更多的用法，如结合组合数据类型（第 4 章），结合文件读写（第 8 章），等等。

在 for 循环中，range 函数用于创建一个整数列表。例如，range(0, 11, 2)表示从 0 开始，终止值为 11（最大值，但不含 11），步长为 2，产生的数列为[0, 2, 4, 6, 8, 10]；range(0, -11, -2)表示从 0 开始，终止值为-11（最小值，但不含-11），步长为-2，产生的数列为[0, -2, -4, -6, -8, -10]。可用 print(list(range 函数))，将一个 range 函数转换为列表来查看。range 函数中，若省略第 3 个参数“步长”，则默认的步长为 1；若省略第 1 个参数“起始值”，则默认的起始值为 0。

【例 3-5】 打印在 1～6 范围内的所有奇数。

```
for each in range(1, 6, 2):
    print('1-6 之间的奇数：' + str(each))
```

输出如图 3-9 所示。该 for 循环语句打印出 1～6 的所有奇数：1, 3, 5。

```
1-6之间的奇数：1
1-6之间的奇数：3
1-6之间的奇数：5
```

图 3-9　例 3-5 的输出

【例 3-6】 如下列表中存储了一些课程名，找出包含“数”字的课程名。

列表内容：['高等数学', '概率论与数理统计', '统计学', 'Python 课程设计', '计算机网络', '数据库系统', '数据结构', '管理学原理', '计算机基础', '逻辑学']

```
courses = ['高等数学', '概率论与数理统计', '统计学', 'Python 程序设计', '计算机网络', '数据库系统',
```

```
2	'数据结构', '管理学原理', '计算机基础', '逻辑学']
3	coursesSelected = []
4	for i in range(len(courses)):
5	    if courses[i].find("数")  !=  -1:
6	        coursesSelected.append(courses[i])
7	print(coursesSelected)
```

for 循环的一个常见用法是遍历一个列表。第 4 章将对列表做更详细的介绍，此处仅结合 for 循环做一些简单举例。例 3-6 中，列表 courses 存储了已知的 10 门课程的课程名，courseSelected 列表用于保存带有“数”字的课程名。len(courses) 返回列表 courses 的长度，值为 10（第 4 行）。courses[i]代表 courses 的第 i 个元素（第 4、5 行），i 的合理范围是从 0（首个元素的序号为 0）到 len(courses)-1。因此，这里的 range 函数写为 range (len(courses))。当找到某个 courses[i]里包含“数”字时，将它附加到 coursesSelected 中（第 5 行）。循环结束后，将 coursesSelected 列表打印出来。

例 3-6 的输出结果如图 3-10 所示。

['高等数学', '概率论与数理统计', '数据库系统', '数据结构']

图 3-10　例 3-6 的输出

3.4.2 while 语句

循环结构的第二种形式是 while 语句。while 语句由条件表达式和循环体两部分组成，其一般形式如下。

```
While 条件表达式:
    循环体
```

与 for 循环不同的是，while 循环是一种条件控制循环，即事先不给定循环次数，通过判断条件表达式的值来决定是否继续循环：当条件表达式的值为 True 时，反复执行循环体；否则，结束循环，如图 3-11 所示。

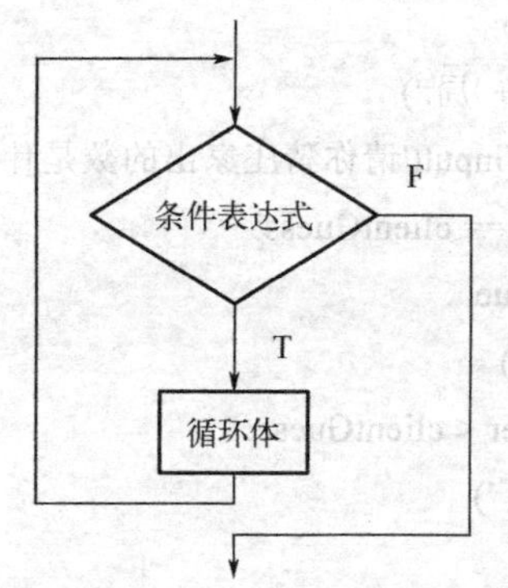

图 3-11　while 语句的流程图

【例 3-7】 将例 3-6 用 While 语句来实现。

```
1    courses = ['高等数学','概率论与数理统计','统计学','Python 课程设计','计算机网络','数据库系统',
2                 '数据结构','管理学原理','计算机基础','逻辑学']
3    coursesSelected = []
4    i = 0
5    while i < len(courses):
6        if courses[i].find("数") != -1:
7            coursesSelected.append(courses[i])
8        i = i + 1
9    print(coursesSelected)
```

与 for 循环的区别是：需要为 i 单独赋初值（第 4 行）；循环条件要自己给定（第 5 行）；循环体代码中，要对循环计数器更新（第 8 行）。输出如图 3-12 所示。

```
['高等数学', '概率论与数理统计', '数据库系统', '数据结构']
```

图 3-12　例 3-7 的输出

【例 3-8】 猜数字游戏。首先，计算机随机产生一个 0～10 的整数。用户猜测这个数字，如果猜中，程序给出“成功”的提示，游戏结束；如果猜错了，给出“太大了”或“太小了”的提示，继续猜。

```
from random import randint

bankerNumber = randint(0,10)
print('庄家出了一个 0 到 10 之间的数...')
success = False
i = 1

while success == False:
    print('第' + str(i) + '局:')
    clientGuess = int(input('请你猜庄家出的数是什么:'))
    if bankerNumber == clientGuess:
        success = True
        print('成功!')
    elif bankerNumber < clientGuess:
        print('太大了')
    else:
        print('太小了')
```

```
18    i+=1
```

random 是 Python 中随机数生成的标准库。在程序开头，从 random 库中导入 randint 函数（详见第 7 章）。随后，应用 randint(a,b)函数产生指定范围内的随机整数，其中参数 a 是下限，参数 b 是上限，生成随机整数 n（a ≤ n ≤ b）。在循环开始前，庄家产生了一个随机数 bankerNumber（第 3 行）。

写这个循环的大致思路是：首先确定这个循环何时终止——创建一个旗标变量 success，如果用户猜中庄家的数字，则 success 设置为 True，否则设置为 False。由此可见，可以利用该旗标变量设置 while 的循环条件为 success == False（第 8 行）——当 success 为 False 时（未猜中），循环反复运行；当 success 为 True 时（猜中），退出循环。在循环体中（第 9–18 行），用户在每一轮猜测一个数字 clientGuess，若 clientGuess 等于 bankerNumber，将 True 值记录在 success 中（第 12 行），并显示“成功!”；否则，显示“太大了”或“太小了”。

值得注意的是：一定要在循环开始前，正确设置 success 的初始值（第 5 行），使程序流程可以进入首次循环中。输入和输出如图 3-13 所示。

```
庄家出了一个0到10之间的数...
第1局:
请你猜庄家出的数是什么:5
太小了
第2局:
请你猜庄家出的数是什么:9
太大了
第3局:
请你猜庄家出的数是什么:7
成功!
```

图 3-13　例 3-8 的输入和输出

3.4.3　嵌套循环

【例 3-9】 如下的 5 个列表（见代码）中存放了星期一到星期五的课表（上午 8 点–12 点四节课，下午 2 点–4 点两节课），请用嵌套循环打印一周的课表。

```
numDayCourses = 6
monday = ['高等数学', '高等数学', '电子商务', '电子商务', 'Python 编程', 'Python 编程']
tuesday = ['计算机基础', '计算机基础','离散数学', '离散数学', '电子商务', '电子商务']
wednesday = ['管理学原理', '管理学原理','计算机基础', '计算机基础','高等数学', '高等数学']
thursday = ['思想政治', '思想政治','大学英语', '大学英语','专业实践', '专业实践']
friday = ['Python 编程', 'Python 编程  ', '离散数学', '离散数学','大学英语', '大学英语']
week = [monday,tuesday,wednesday,thursday,friday]
title = ['节', '星期一      ', '星期二      ', '星期三      ', '星期四      ', '星期五      ']
print('\t '.join(title))
```

```
10  for i in range(numDayCourses):
11      line = [str(i+1)]
12      for j in range(len(week)):
13          line.append(week[j][i])
14      print('\t '.join(line))
```

将周一到周五的课程保存在 monday 到 friday 的列表中，再将它们的集合保存到 week 列表中。嵌套循环由两个 for 循环组成：因为要把课程按行打印，外层循环遍历一天的 6 节课，i=1, 2, 3, 4, 5, 6（第 10 行）；内层循环在第 i 节下遍历星期一至星期五的课程（第 12 行），j=1, 2, 3, 4, 5，将其记录到 line 列表中（第 13 行）；其中，week[j]表示 week 的第 j 个元素，即星期 j 的课程列表，week[j][i]表示该课程列表的第 i 节课。最后，外层循环的最后一个语句打印出周一到周五的第 i 节课。输出如图 3-14 所示。

节	星期一	星期二	星期三	星期四	星期五
1	高等数学	计算机基础	管理学原理	思想政治	Python编程
2	高等数学	计算机基础	管理学原理	思想政治	Python编程
3	电子商务	离散数学	计算机基础	大学英语	离散数学
4	电子商务	离散数学	计算机基础	大学英语	离散数学
5	Python编程	电子商务	高等数学	专业实践	大学英语
6	Python编程	电子商务	高等数学	专业实践	大学英语

图 3-14　例 3-9 的输出

3.4.4　break 语句和 continue 语句

break 语句放在 for 或 while 的循环体内，一般和 if 语句联合使用。当 if 的条件表达式满足时，不执行 break 后的剩余代码，直接终止循环。其一般形式如下：

```
for 语句或 while 语句:
    if 条件表达式:
        break
```

continue 语句也放在 for 或 while 的循环体内，它与 break 语句的区别是：当 if 后的条件表达式满足时，不执行 continue 后的剩余代码，而是进入下一次循环。其一般形式如下：

```
for 语句或 while 语句:
    if 条件表达式:
        continue
```

【例 3-10】 对例 3-6 的列表，使用 break 语句，找出“Python 程序设计”课程。

```
courses = ['高等数学', '概率论与数理统计', '统计学', 'Python 程序设计', '计算机网络', '
```

```
数据库系统',
2                 '数据结构','管理学原理','计算机基础','逻辑学']
3    for i in range(len(courses)):
4        if courses[i] == 'Python 程序设计':
5            print(courses[i])
6            break
```

该程序遍历列表，当找到“Python 程序设计”课程时，将其打印出来，然后终止循环（第 6 行）。输出如图 3-15 所示。

```
Python程序设计
```

图 3-15　例 3-10 的输出

【例 3-11】 对例 3-6 的列表，使用 continue 语句，找出不是“Python 程序设计”课程。是就 continue，不是就打印。

```
1    courses = ['高等数学', '概率论与数理统计', '统计学', 'Python 程序设计', '计算机网络', '
数据库系统',
2                 '数据结构','管理学原理','计算机基础','逻辑学']
3    for i in range(len(courses)):
4        if courses[i] == 'Python 程序设计':
5            continue
6        else:
7            print(courses[i])
```

该程序遍历列表，如果找到“Python 程序设计”课程，会跳过此次循环，继续下一次循环（第 5 行）；否则，打印出课程名。输出如图 3-16 所示。

📖 注意区分：本程序第 5 行也可以使用 pass 语句。但是，continue 和 pass 语句有本质的不同：pass 是空语句，不做任何事情，一般用作占位语句，保持程序结构的完整性。pass 也可以出现在循环体外。

```
高等数学
概率论与数理统计
统计学
计算机网络
数据库系统
数据结构
管理学原理
计算机基础
逻辑学
```

图 3-16　例 3-11 的输出

3.5 程序的调试

从本章起，程序将越来越复杂。对于大部分人来说，很难将一个程序一遍就写对。也许，你已经发现找到程序中的错误是一件很麻烦的事。那么，是否有找到程序中错误的好方法呢？

Debug，英文原意是“消除虫子”的意思（de：消除，bug：虫子），中文译作“调试”，即排错，从而使机器运转良好。

3.5.1 程序错误类型

计算中的错误有 3 种：第一种错误是语法错误，这类错误是由于编程者的程序不合语法规范造成的。第二种错误是运行错误，有些错误直到运行时才会发现，例如类型不匹配。第三种错误最为复杂，它叫作逻辑错误，尽管一个程序的语法合规，也没有运行错误，但是它的输出结果是错的，这往往是因为编写程序的逻辑出现了问题。以例 3-5 来说明这些错误。

1．语法错误

运行这段程序将弹出一个 invalid syntax（无效语法）的提示框。这是因为 for 语句后忘了加冒号，如图 3-17 所示。

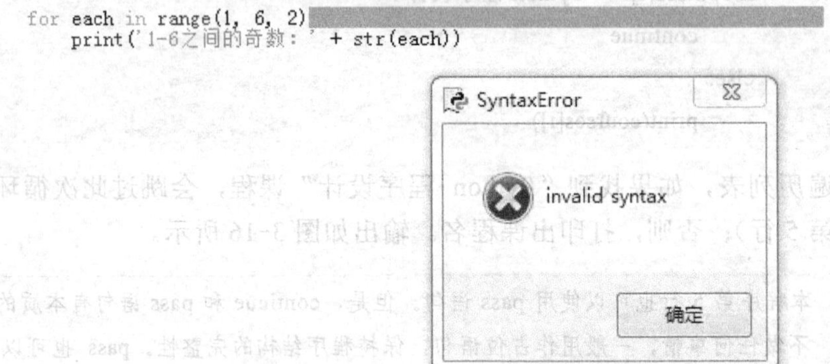

图 3-17 语法错误举例

2．运行错误

运行这段程序将在控制台上报错。阅读错误信息，发现该错误出现在 print 语句一行，错误为：TypeError: must be str, not int（类型错误：必须是字符型，不能是整型）。结合这行语句，可以发现原来是忘了将数字转换为字符串了，将 each 改为 str(each)即可排除该错误，如图 3-18 所示。

```
for each in range(1, 6, 2):
    print('1-6之间的奇数: ' + each)

Traceback (most recent call last):
  File "E:\Classroom\Teach\Python程序设计\0 教材编写\第3章代码\ex3-5_for.py", line 2, in <module>
    print('1-6之间的奇数: ' + each)
TypeError: must be str, not int
```

图 3-18　运行错误举例

3．逻辑错误

如图 3-19 所示，若 for 语句中的 range 函数是 range(1, 5, 2)，这就是一个逻辑错误：该程序既无语法错误，又无运行错误，但是输出结果是错的（1～6 的奇数少了 5）。原来 range 函数的使用有误，range 函数的终止值（第 2 个参数）是不包含在所产生的数列里的：此处，应为 6 或 7，要把奇数 5 包含在内，把奇数 7 排除在外。

```
for each in range(1, 5, 2):
    print('1-6之间的奇数: ' + str(each))

1-6之间的奇数: 1
1-6之间的奇数: 3
```

图 3-19　逻辑错误举例

3.5.2　调试方法

由上述可知，语法错误和运行错误是很容易定位的，Python 编译器就会告诉你错误在哪里。但是，当发生逻辑错误时，却很难说出它发生在哪一行或哪几行语句上。在此，给出调试程序的一些注意事项。

第一条，程序编写要清晰、易懂。计算机科学家 Brian W. Kernighan 曾说："调试一段程序的难度是写出这段程序的难度的两倍。因此，如果你的代码尽可能清楚，那么你就不用费力地调试它。"我们需要培养良好的书写程序的习惯——**编程好比写文章，规范书写很重要！**首先，变量的定义要能反映语义，可以使用英文单词的缩写，如 numberStudents 缩写为 numStuds，但尽量不要使用如 a、b、c 等语义不明的符号，也不要使用汉语拼音，如确需使用，应在变量后加上注释说明。其次，实现每一段功能的代码之间加上一个空行来分隔，在开头可以加上一行注释说明，并在难理解的语句后加上注释。最后，采用直白易看懂的编程思路。

第二条，编写和调试程序时要聚精会神。草率写出的程序里面会漏洞百出。再好的调试方法也比不上一颗安静的心，它将带领你反思错误可能出在哪里。

第三条，边写边测试，及时定位错误。这不管对新手还是老手，都是一个非常好的编程习惯。写完一个代码段，就立刻测试它的正确性。这样，当每次出错时，错误一般只会出现在新增的代码段里，易于定位错误的位置。注意，这里的测试包含两方面：一方面是对程序本身逐行扫读，另一方面是运行和调试。

第四条，巧用控制台和排除法。可以使用 Python 的控制台来试验语句的正确性，例如，若不确定 range 函数的用法，可以在控制台上试一下，看看 range(1, 10)的结果是什么。此外，可以注释掉一部分语句（用注释："'语句序列'"），或者对怀疑出错的代码段，先实现它的一个简单版本，看看是否仍然出错。通过排除法来定位错误的位置和原因。

第五条，走查法。代入数据手工模拟执行一遍，是为走查（go through），即过一遍的意思。由于思维定势，编程者有时很难发现错误在哪里，这时候不妨给变量代入初始数值，一行一行手工执行代码，仔细检查，这样往往能找到逻辑错误在哪里。

第六条，熟练掌握调试器。简单的错误，可以在程序中插入一些 print 语句，通过打印出一些中间变量来发现。但是，插入太多 print 语句不仅使用起来不灵活，而且会造成混乱。

调试器中常用的方法有：单步执行、设置断点、添加监视变量。

首先，打开调试工具。在 Python 控制台的菜单上，选择 Debug→Debugger，弹出如图 3-20 所示的调试器窗口。然后，选择 Stack（调用堆栈，反映函数的调用顺序），Source（显示源代码），Locals（显示局部变量）和 Globals（显示全局变量）。接着，选择 Python 控制台的菜单 File→Open，打开要调试的程序。最后，在该程序窗口的菜单上，选择 Run→Run Module，运行该程序，程序运行时的中间信息将显示在调试器窗口中。

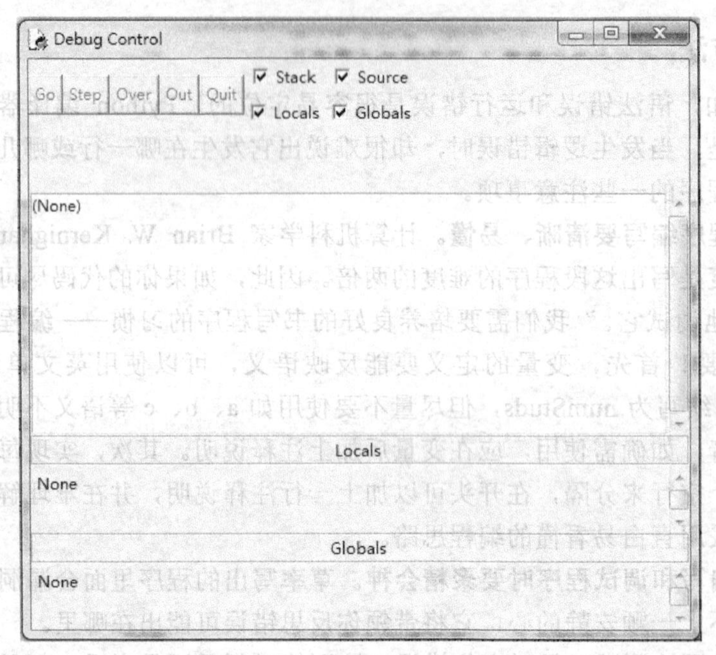

图 3-20　调试器窗口

IDLE 提供了几种调试功能（图 3-20）：Go 是运行，单击它，继续运行程序，直到碰到断点或程序结束；Step 是进入函数的意思，如果一行代码里包含函数调用，单击它，调试流程将进入该函数体中；Over 是单步执行，单击它，不管一行代码里是否包含函数调用，调试流程将停留在下一行语句处；Out 是跳出函数的意思；Quit 是结束调试。本章的调试不涉及函数，感兴趣的读者可以学习完第 5 章函数后，自行试用关于函数的功能，操作方法大同小异。

1．单步调试

在调试程序的流程问题时，常用到单步执行。运行程序后，单击调试器窗口上的 Over，将进入单步执行状态，每单击一次 Over，向下运行一行代码。以例 3-4 为例，输入身高 1.62（米），体重 50（千克）。图 3-21 显示了单步调试的几个片段。图 3-21a 是将运行第 3 行的程序窗口；再次单击 Over，则运行第 3 行代码，由于第 4 行是空行，流程停在第 5 行的位置（图 3-21b）；此时，观察调试器窗口（图 3-21c），在 Globals 一栏下，看到 BMI 的值为 19.05197378448407。

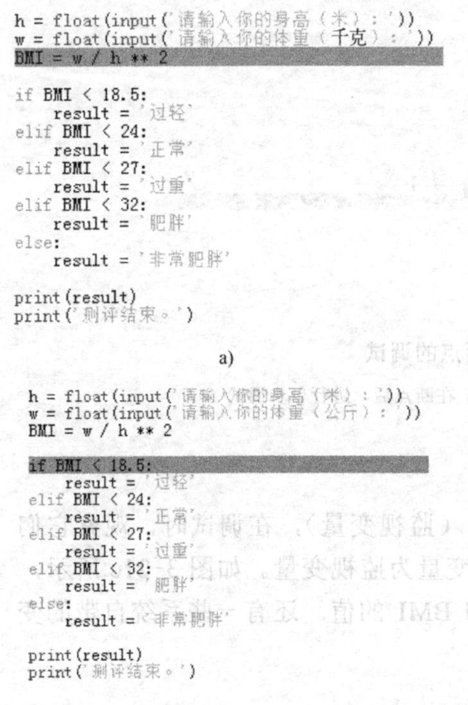

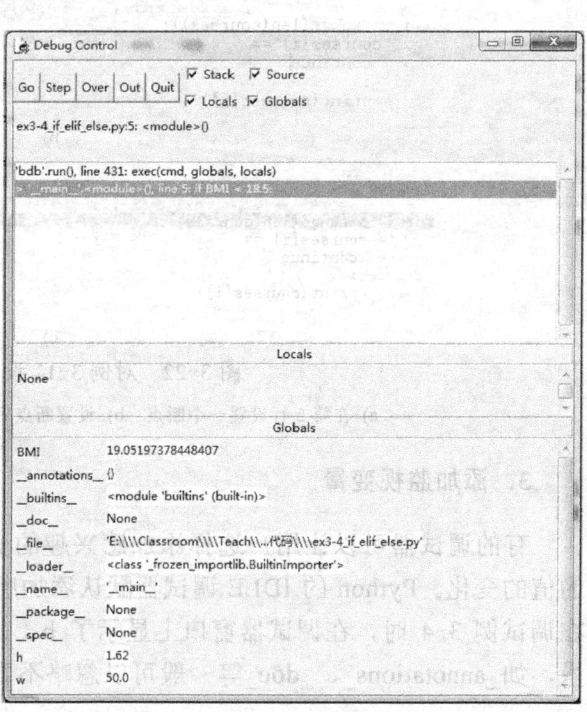

图 3-21　例 3-4 的单步调试示例

a) 将运行第 3 行的程序窗口　b) 将运行第 5 行的程序窗口　c) 将运行第 5 行时的调试器窗口

2．设置断点

断点（breakpoint）用于让程序流程停在我们怀疑出错的一行上，然后从该处查看问题，可以与单步调试结合使用。如图 3-22 所示，以例 3-11 为例，使光标停留在第 5 行上并右击，在弹出的快捷菜单中选择 Set Breakpoint（图 3-22a），设置一个断点（图 3-22b）。在进入调试状态后，单击调试器窗口上的 Go 按钮，程序将一直运行，直到碰到该断点。此时，可以从该断点处再进行单步调试，单击 Over 按钮，程序流程转到第 3 行，由此可知，continue 语句略过循环体的剩余部分，使控制流程又回到了循环入口处（图 3-22c）。

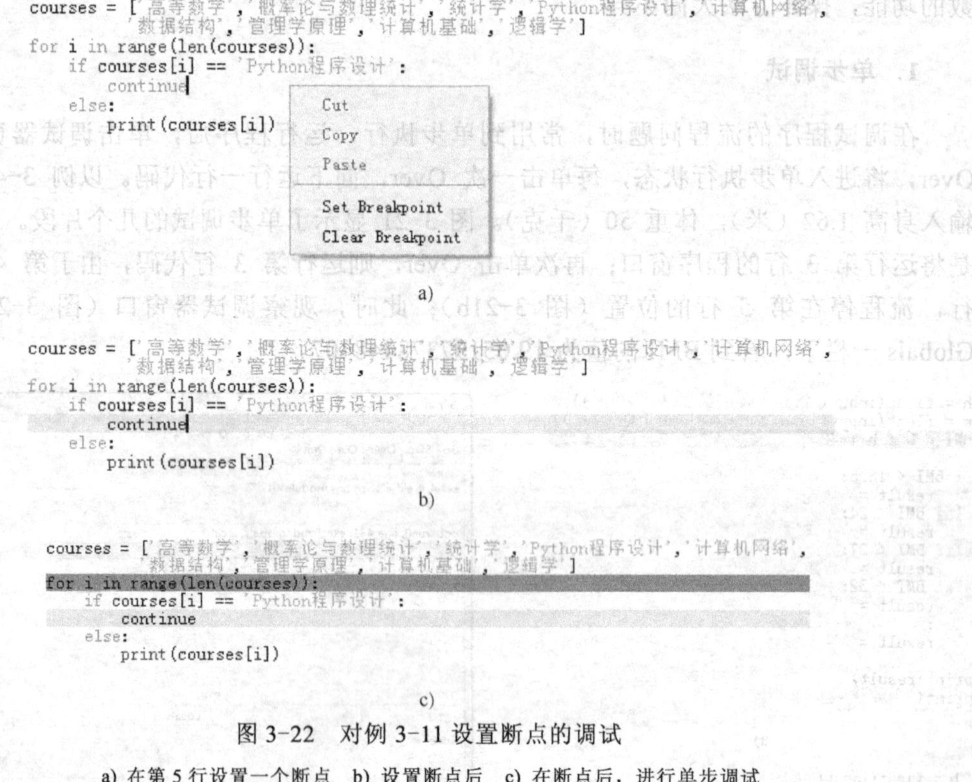

图 3-22　对例 3-11 设置断点的调试

a) 在第 5 行设置一个断点　b) 设置断点后　c) 在断点后，进行单步调试

3．添加监视变量

有的调试器可以让用户选择添加感兴趣的变量（监视变量），在调试时，观察它们的值的变化。Python 的 IDLE 调试器默认添加所有变量为监视变量。如图 3-21c 所示，在调试例 3-4 时，在调试器窗口上显示了 h、w 和 BMI 的值。还有一些系统自带的变量，如_annotations_、_doc_等一般可以忽略不看。

3.6　编程实践

程序设计是一门艺术，许多初学者常常感觉编程没有思路，其实这里面有一些常规的编程思路。掌握了这些，将发现编程是一件轻松而有乐趣的事情。下面介绍这些最常用的思路。

1．迭代

后一步依赖前一步，且依赖关系相同，即为迭代。可以循环地使用同一段代码来往前推进计算进度。累加和累乘是迭代的特例。

【例 3-12】　求 1+2+3+…+100 的和。

```
s = 0 #和
for i in range(1,101):
    s = s + i
print('The sum of 1+2+...+100 is ' + str(s))
```

该程序用 s 表示累加的和，初始值设为 0，通过 for 循环将 1，2，…，100 加入到 s 中。输出如图 3-23 所示。

```
The sum of 1+2+...+101 is 5050
```

图 3-23　例 3-12 的输出

📖 著名数学家高斯（1777—1855）7 岁时，老师布置了这道题。小高斯将这列数首尾相加，发现规律：1+100=101，2+99=101，…，50+51=101，总共有 50 组，所以得出该数列和等于 50 × 101=5050。而本程序的思路非常简单，利用循环将这些数字一个一个地加和起来。由此可见，编程不需要强大的数学能力——编程者提出简单的思路，将繁重的计算交给计算机，后者可以快速地运算出结果。

【例 3-13】　产生 Fibonacci 数列的前 20 项。

```
1  fibo = [1, 1]
2  print(fibo[0])
3  print(fibo[1])
4
5  for i in range(2,20):
6      nextItem = fibo[i-1] + fibo[i-2]
7      print(nextItem)
8      fibo.append(nextItem)
```

📖 Fibonacci 数列是意大利数学家 Fibonacci（斐波那契，1175—1250）在《算术书》中描述兔子繁殖的每月总数时提出的一个数列。Fibonacci 数列的通式为 F(n) = F(n-1) + F(n-2)，n≥2；已知 F(0)=F(1) =1。自然界有许多现象符合 Fibonacci 数列。

该程序首先创建了一个列表 fibo，存储 Fibonacci 数列的第 0 项和第 1 项（第 1 行）。在 for 循环中，从第 2 项开始，计算每一项是前两项之和（第 6 行），然后将其打印出来（第 7 行），再将其追加到 Fibonacci 数列的末尾（第 8 行）。输出如图 3-24 所示。

2．穷举法

计算机一个很强大的功能是利用其高速的运算能力，穷举出每个取值，判断它是否满足要求。

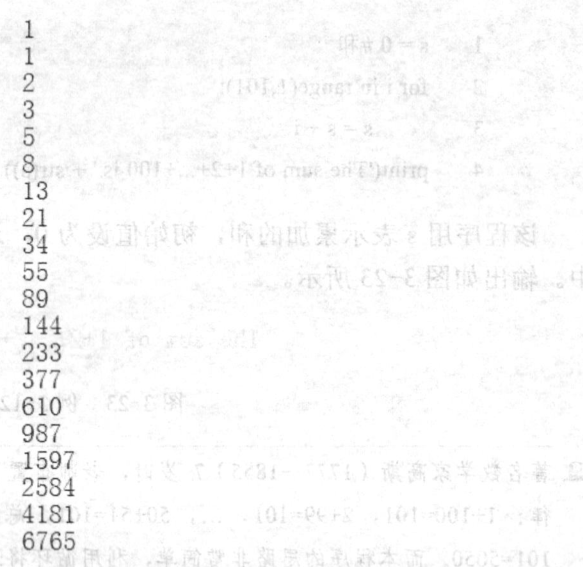

图 3-24　例 3-13 的输出

【例 3-14】 打印所有三位的水仙花数。在数论中，水仙花数（narcissistic number）是指一个 n 位数，它的各个数位的数的 n 次方之和等于该数本身。例如，153 是三位水仙花数，有 $153 = 1^3 + 5^3 + 3^3$。

```
1   findFlag = False #旗标变量
2   for n1 in range(1,10):
3       for n2 in range(0,10):
4           for n3 in range(0,10):
5               number = 100 * n1 + 10 * n2 + n3
6               if number == n1 ** 3 + n2 ** 3 + n3 ** 3:
7                   print('找到一个三位水仙花数: ' + str(number))
8                   findFlag=True
9   if findFlag == False:
10      print('不存在三位水仙花数.')
```

本程序中，n1、n2 和 n3 表示一个三位水仙花数的百位、十位和个位。该程序使用三重循环，穷举出 n1、n2 和 n3 的所有可能取值（第 2-4 行），来寻找水仙花数（第 6 行）。并使用**旗标变量** findFlag 记录是否找到三位水仙花数（第 1、8 行）。当不存在三位水仙花数，打印提示信息（第 9-10 行）。输出如图 3-25 所示。

3．逐步求精的一般编程方法

逐步求精是一个非常重要的编程原则。通俗地讲，当拿到一个编程问题时，先形成一个大体思路，以及该思路中可能包含的几个步骤；然后对每个步骤再进行细节地思考，直到程序中的每个小功能都易于实现。

```
找到一个三位水仙花数：153
找到一个三位水仙花数：370
找到一个三位水仙花数：371
找到一个三位水仙花数：407
```

图 3-25　例 3-14 的输出

逐步求精要求在编程时，先写算法，再写代码！所谓算法（Algorithm），是对解题方案完整、清晰的描述。例 3-15 以编写一个选择排序算法为例，讲解如何编写一个逻辑复杂的长程序。算法的更多话题，由于超过本书范围，不在这里展开，感兴趣的读者可以自行去了解。

【例 3-15】 对图 3-26a 的英文名列表，使用选择排序按名字从小到大（升序）排序。

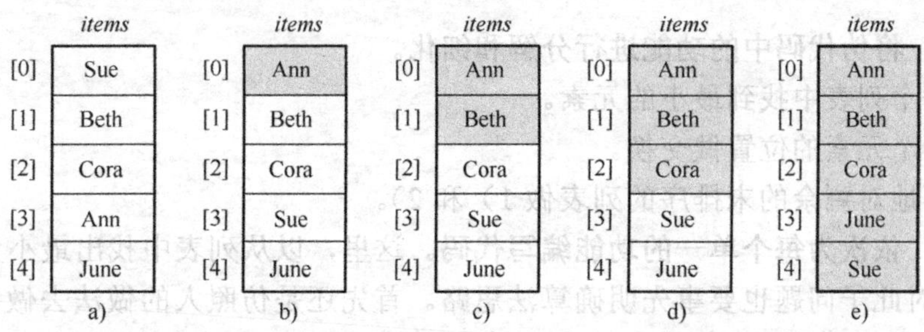

图 3-26　选择排序的算法示例㊀

选择排序算法是一种简单直观的排序算法。设想一个人在手工排序该列表时会怎么做？首先，通过比较大小，从列表中找到按字母顺序最小的英文名，放到列表的顶端；而将原列表顶端的元素放到这最小的英文名的原处，这一步是为了保存原列表顶端的元素（见图 3-26b，第 0、3 元素的位置）。通过第一趟排序，放置好了最小的元素。在第二趟排序中，对未排序的剩余列表（图 3-26b 的第 1-4 个元素）做相同的处理，将次小的元素放在合适的位置上（见图 3-26c 的第 1 个元素）。以此类推，直到剩余列表中只剩一个未排序的元素时，排序结束。下面，使用逐步求精的方法写这个程序。

第 1 步，写好这个算法的伪代码。 伪代码是借助编程元素（如赋值、选择、循环、缩进）和自然语言来描述一个算法。由于自然语言和程序之间存在一个思维转换的“鸿沟”，而通过首先将算法转化为伪代码，然后再将伪代码转换为程序，这样一个两步走，可以缩小思维转换的鸿沟。在这一步，可以不关心程序实现的细节，而是重在把关编程思路的正确性和严谨性。

```
对每个剩余列表：
```

㊀ 图引自 Nell Dale 和 John Lewis 的《Computer Science Illuminated》一书。

```
        从剩余列表中选择最小的元素
        将此元素与剩余列表顶端的元素做交换
```

进一步细化上述伪代码，得到：

```
给列表 names 赋初值
For i=0 To len(names)-2
        min=从第 i 到 len(names)-1 个元素（剩余列表）中找到最小的元素;
        将 min 与 names [i]的位置做交换
```

📖 两点说明：1）伪代码是用来表达算法的，并不要求语法的正确性，比如，for 语句并未按照 Python 的语法去书写，而只是采用了一种人们熟悉的表达方式；2）因为程序语句是英文的，所以，伪代码也通常用英文来书写，但在不丧失易读性的前提下，中文用户也可以在其中使用一些中文。

第 2 步，将伪代码中的功能进行分解和细化。

1）从一个列表中找到最小的元素。

2）将两个元素的位置做交换。

3）循环地对剩余的未排序的列表做 1）和 2）。

第 3 步，依次为每个单一的功能编写代码。这里，以从列表中找出最小元素为例。

同样，对此子问题也要事先明确算法思路。首先还是仿照人的做法去做，当一个人把列表从上到下扫视一遍时，他记录下当前最小的元素，然后与下一个他看到的元素比大小。若发现下一个元素比当前最小的元素小时，替换当前最小的元素。因该算法思路比较简单，可略过伪代码的步骤，直接写出该程序。

```python
'''找最小'''
names = ['Sue', 'Cora', 'Beth', 'Ann', 'June']
min_sub = 0 #当前最小元素的下标位置

for i in range(1, len(names)):
    if names[i] < names[min_sub]:
        min_sub = i

print(names[min_sub])
```

记住一个好习惯：**边写边测试**。当写完这段代码后，立刻进行测试，以发现其中的问题。这段代码的输出结果是 Ann，与预期一致。

在此基础上，编写下一段代码，互换该列表顶端元素和最小元素的位置。

```python
'''找最小'''
```

```
2   names = ['Sue', 'Cora', 'Beth', 'Ann', 'June']
3   min_sub = 0 #当前最小元素的下标位置
4
5   for i in range(1, len(names)):
6       if names[i] < names[min_sub]:
7           min_sub = i
8
9   '''交换两元素'''
10  temp = names[min_sub] #temp 是用于交换的临时变量
11  names[min_sub] = names[0]
12  names[0] = temp
13
14  print(names)
```

思路是：把 names[0]的值赋给 names[min_sub]，把 names[min_sub]的原值赋给 names[0]，这需要事先将 names[min_sub]的原值保存到一个临时变量中（第 10 行）。

完成这段代码后，再进行测试。结果为['Ann', 'Cora', 'Beth', 'Sue', 'June']，符合预期。

最后，增加循环。

```
1   names = ['Sue', 'Cora', 'Beth', 'Ann', 'June']
2
3   '''选择排序'''
4   for i in range(0,len(names)-1):
5       '''找最小'''
6       min_sub = i #当前最小元素的下标位置
7       for j in range(i+1, len(names)):
8           if names[j] < names[min_sub]:
9               min_sub = j
10
11      '''交换两元素'''
12      temp = names[min_sub] #temp 是用于交换的临时变量
13      names[min_sub] = names[i]
14      names[i] = temp
15
16  print(names)
```

在每次循环中，在剩余未排序的列表中找到并排好其最小元素（第 4-14 行）。在第 i 次循环中，剩余列表是从第 i 到 len(names)个元素（第 7 行）。

3.7　本章小结

本章以“在程序的世界里看见自己——查看个人信息”案例的实现为主线将知识点全部贯穿，详细介绍了 3 种基本控制结构以及常用的编程和调试方法。

首先，介绍了结构化程序设计、3 种程序控制结构以及程序流程图的表示法。

分支结构通过判断一个或多个条件表达式的真假来选择不同的处理流程，分为 if 单分支、if 双分支和 if 多分支结构。当有多种条件覆盖时，采用多分支结构。

循环分为两种：计数循环和条件控制循环。for 语句是计数循环，它使用一个计数器变量依次取得 range 函数返回的一个数列的每个取值。while 语句是条件控制循环，它采用比 for 语句更一般的循环控制条件。当循环入口处的条件为真时，反复执行循环体的语句序列，直到入口条件为假时，退出循环。

当遍历多个参数时，一般采用嵌套循环（如打印一个课表，使用双重循环）。

在循环体中，可使用 break 提前退出循环，使用 continue 语句略过循环体的剩余语句，它们一般与 if 语句联合使用。

在程序调试时，首先要区分语法错误、运行错误和逻辑错误。此外，掌握一些常用的调试方法，会使用调试器。

最后，在编程实践中，介绍了迭代法、穷举法这两种常见的编程方法。需要强调的是，逐步求精的一般编程方法，这是结构化程序设计的要领之一，即拿到编程问题后，先写出算法的伪代码，再将功能分解、细化加以编码的编程过程。

3.8 习题

1．概念题

1）什么是结构化程序设计？

2）多分支结构的含义是什么？

3）请区别计数循环和条件控制循环。

4）请区别 break 和 continue 语句。

5）请说明使用断点的调试过程。

2．编程题

1）给定一个正整数，判断它是否是素数。

2）已知自然常数 e 的泰勒展开式是：e = 1 + 1/1! + 1/2! + 1/3! + ...，请用迭代法计算它的第 i 项 1/i!。

3）猜车号。一辆卡车违反交通规则，撞人后逃跑。现场有三人目击事件，但都没有记住车号，只记下车号的一些特征。甲说：牌照的前两位数字是相同的；乙说：牌照的后两位数字是相同的，但与前两位不同；丙是数学家，他说：四位的车号刚好是一个整数的平方。请根据以上线索求出车号。

4）输入任意两个正整数 p 和 q，计算它们的最大公约数（greatest common divisor），并返回结果。例如，p=12，q=18，返回值为 6。

第 4 章　组合数据类型

本章将学习 Python 的四种组合数据类型：列表、元组、字典、集合。它们和第 2 章的基本数据类型一起，共同构成了 Python 的内置数据结构。

程序的工作都与处理数据有关，在生活中很多数据不能用数字或字符串等基本数据类型来表示，例如，购物单，上面记载着你要买的东西；班级名单，一个班级里所有同学的信息；手机通讯录，通过姓名查找电话号码和联系人的详细情况。这些都需要具有组合性质的数据类型。

通过本章的学习，你将能够用一个变量记录一组数据，并将学习如何访问和修改这些变量中的数据信息。

4.1　案例：在程序的世界里看见自己——查看班级信息

在本章案例中，将查看你的班级信息，主要内容如下。

1）用一个变量记录与你相关的信息，包括学号、姓名、所在学院、专业名称等。

2）用一个变量记录你所在班级的学生名单。

3）对班级学生名单进行操作，如增加一个同学，减少一个同学，修改一个同学的姓名。

4）记录 Python 课程的成绩，并对课程成绩进行排序。

5）用一个变量记录 Python 课程的成绩单，包括姓名及其考试成绩。

6）在空成绩单中，增加学生及其成绩，修改成绩，删除学生。

7）求学习 Python 课程的学生有多少人？平均分是多少？

8）在编程实践中，统计每个同学选修了多少门课程，并生成每个人的个人成绩。

4.2　列表

列表由一系列按特定顺序排列的元素组成。在 Python 中，用一对[]（方括号）括起来的若干元素来表示列表，两个元素之间用逗号分隔。例如：

```
shared_bikes = ['mobike', 'ofo', 'hellobike', 'bluegogo']
grade = ['excellent', 'good', 'medium', 'passed']
[1, 'Math', 89.7]
[]
```

列表中可以包含任何元素，元素可以用任意的表达式描述，元素之间也可以没有任何关系。

🕮 没有任何元素的列表称为空列表。

【例 4-1】 用一个变量记录一个学生的学籍信息。

掌握了列表的基本概念以后，可以发现用列表就能解决这个问题。

```
student1 = [2020310912, '刘达', '男', '汉', '信息学院', '计算机专业', 20020501]
student2 = [2020310867, '王尔', '男', '蒙古', '会计学院', '会计学专业', 2001111]
student3 = [2020310733, '李珊', '女', '苗', '统计学院', '统计学专业', 20020831]
```

🕮 列表由按特定顺序排列的元素组成，因此，用列表存储同类的不同对象时，元素的排列顺序要一致。

【例 4-2】 用一个变量记录学习 Python 的班级学生名单。

```
classmates=['刘达', '王尔', '李娜', '张悟']
```

4.2.1 列表的基本操作

1. 访问列表

列表是序列结构，因此要访问列表的任何元素，只需知道该元素的位置即可。在 Python 中，元素的位置用索引表示，第 1 个元素的位置索引为 0，而不是 1，第 2 个列表元素的索引为 1。下面的语句可以访问 shared_bikes 列表元素。

```
>>>print(shared_bikes[0])
```

输出：

```
Mobike
```

Python 为最后一个列表元素提供了一种特殊索引[−1]。不仅如此，[−2]表示倒数第 2 个元素，如此类推。举例如下：

```
>>>print(shared_bikes[-2])
```

输出：

```
Hellobike
```

2．增加、删除、修改列表元素

【例 4-3】 在例 4-2 中，经过开学前两周的试听，陈思同学想转入 Python 班级，张悟同学想转出，同时由于录入错误，需要对李姗进行改名。用 classmates 列表，重新正确记录班级同学名单。

加入陈思同学有两种办法，第 1 种办法是将元素附加到列表末尾，采用 append()方法，用法如下：

```
classmates.append('陈思')
```

运行结果如下：

```
>>>print(classmates)
['刘达', '王尔', '李姗', '张悟', '陈思']
```

📖 方法 append()可以动态地创建列表。先创建一个空列表，再根据需要使用一系列的 append()添加元素。

第 2 种办法是使用方法 insert()，它可在列表的任何位置添加新元素，因此 insert()方法需要指定添加的位置（即新元素的索引）和新元素的值。例如，想将“陈思”这位新同学添加到例 4-2 classmates 列表中“张悟”的前面，也就是“陈思”在新的列表中位于第 4。用 insert()方法实现如下：

```
classmates.insert(3, '陈思')
```

运行结果如下：

```
>>>print(classmates)
['刘达', '王尔', '李姗', '陈思', '张悟']
```

下面将张悟同学转出去，基于列表 classmates = ['刘达', '王尔', '李姗', '陈思', '张悟']。在列表中删除元素有 3 种方法。

第 1 种方法是使用 pop()，它是根据元素在列表中的位置来删除元素的。默认情况下，方法 pop()会删除列表末尾的元素，如果要删除其他位置的元素，则需要在括号()中指定要删除元素的索引。

```
classmates.pop()
```

运行结果如下：

```
'张悟'
```

classmates 的结果如下：

```
>>>print(classmates)
['刘达', '王尔', '李姗', '陈思']
```

当然也可以用 classmates.pop(4)删除'张悟'。

📖 术语 pop（弹出）源自这样的类比：列表就像一个栈，而删除列表末尾的元素相当于 pop（弹出）栈顶元素。

第 2 种方法是使用 remove()，此方法使用的是元素值。在列表 classmates = ['刘达', '王尔', '李姗', '陈思', '张悟']中删除'张悟'。

```
classmates.remove('张悟')
```

这在只知道要删除对象的值，而不知道其位置时，非常有用。

第 3 种方法是使用 del 语句，它需知道要删除的元素在列表中的位置。在列表 classmates = ['刘达', '王尔', '李姗', '陈思', '张悟']中删除'张悟'。

```
del classmates[4]
```

📖 在程序设计语言中，方法属于第 5 章所讲到的函数概念，它是一个表达式，可以赋值给某个变量。例如，tranferring_student = classmates.pop(4)语句是程序设计语言中最基本的元素，如赋值语句、for 语句等，它不可以赋值给某个变量。

📖 一般情况下，列表方法返回值为 None，但 pop 方法既能修改列表，又能返回元素值。

最后，将输错了的李姗同学更正为李珊。要修改列表元素，只需指定列表名称和被修改元素的索引，再对其进行重新赋值就可以。

```
classmates[2] = '李珊'
```

运行结果如下：

```
>>> print(classmates)
['刘达', '王尔', '李珊', '陈思']
```

4.2.2 列表的常用方法

方法是一个与对象有紧密联系的函数，对象可以是列表、字符串等。方法的调用方式如下：

```
对象.方法(参数)
```

列表提供了多种方法，用于组织列表的元素。上一节已经提到了 append()，insert()、pop()、remove()等方法，本节将继续介绍列表的常用方法。

【例 4-4】 记录 Python 班级各位同学的成绩，并对其进行排序。

先创建一个 scores 列表，记录各位同学的成绩。

```
scores = [89, 95, 67, 75, 89]
```

再对其进行排序。

```
scores.sort()
```

运行结果如下：

```
>>> print(scores)
[67, 75, 89, 89, 95]
```

📖 方法 sort()永久性地修改了列表元素的排列顺序。它也可以降序排列，只需参数 reverse = True。

然后看看 89 分排名第几，有几个同学考了 89 分。

先使用降序排列 scores 列表。

```
scores.sort(reverse = True)
scores.index(89)
```

它的运行结果为 1，因为列表是从 0 开始索引的，所以 89 应该排名第 2。

📖 方法 index()用于从列表中找出元素值所对应的第 1 个匹配项所对应的位置。

```
scores.count(89)
```

它的运行结果为 2，表明有两个同学都获得 89 分。

📖 方法 count()用于统计某个元素在列表中出现的次数。

下面介绍另一个方法 reverse，它将列表中的元素逆向存放，而不是降序排列列表元素。例如：

```
>>> scores = [89, 95, 67, 75, 89]
>>> scores.reverse()
>>> print(scores)
[89, 75, 67, 95, 89]
```

📖 方法 reverse()也是永久性地改变了列表元素的排列顺序。

4.2.3 列表的常用函数

Python 列表内置了很多函数，如 len、min 和 max 等。len 函数返回列表的长度，即它所包含元素的数量。min 函数和 max 函数则分别返回列表中最大和最小的元素。

继续例 4-4 的讨论，进一步需要确定有多少人参加了考试，最低分是多少？最高分是多少？所有人的总和是多少？

```
>>> scores = [89, 95, 67, 75, 89]
>>> len(scores)
5
>>> min(scores)
67
>>> max(scores)
95
>>> sum(scores)
415
```

下面再介绍两个函数 sorted 和 reversed。利用方法 sort 和 reverse 对列表进行组织，会永久性地修改列表元素的排列顺序，但有些情况下，需求仅仅只是排序而已，而不需要修改列表，函数 sorted 和 reversed 对列表只是进行临时排序，会按照要求顺序显示列表元素，同时不影响元素在列表中的原始排列顺序。例如：

```
>>> scores = [89, 95, 67, 75, 89]
>>> sorted(scores)
[67, 75, 89, 89, 95]
>>> print(scores)
[89, 95, 67, 75, 89]
```

📖 sorted 函数返回值为一个列表。当需要降序排列的时候，也可向它传递参数 reverse=True，参数之间用逗号隔开。

下面再看看 reversed 函数运行的结果。

```
>>> reversed(scores)
<list_reverseiterator object at 0x0000023665CE6D68>
>>> print(scores)
[89, 95, 67, 75, 89]
```

📖 reversed 函数并没有改变 scores 列表的元素排列顺序，但是它的返回值并不是一个列表，而是一个迭代器对象。

尽管 reversed 函数返回值不太理想，但结合另一个函数 list，期望的结果就会得到。

```
>>> list(reversed(scores))
[89, 75, 67, 95, 89]
```

list 函数可以把任意类型的序列转换成列表，例如：

```
>>> list('Hello, World')
['H', 'e', 'l', 'l', 'o', ',', ' ', 'W', 'o', 'r', 'l', 'd']
>>> list(range(1,10))
[1, 2, 3, 4, 5, 6, 7, 8, 9]
```

4.2.4　列表的常用运算符

通过使用加元算符可以进行列表的连接操作。

```
>>> scores+list('Hello, World')
[89, 95, 67, 73, 89, 'H', 'e', 'l', 'l', 'o', ',', ' ', 'W', 'o', 'r', 'l', 'd']
>>> ['cufe','shahe']+['building 6', 'room 101']
['cufe', 'shahe', 'building 6', 'room 101']
```

通过使用乘运算符可以使原来的列表被重复 n 次。

```
>>> [23]*10
[23, 23, 23, 23, 23, 23, 23, 23, 23, 23]
>>> ['hello']*5
['hello', 'hello', 'hello', 'hello', 'hello']
```

in 运算符可以检查某个元素是否在列表中。它是一个布尔运算符，条件为真时，即元素在列表中，返回值为 True；条件为假时，即元素不在列表中，返回值为 False。例如：

```
>>> classmates = ['刘达', '王尔', '李姗', '陈思', '张悟']
>>> '王尔' in classmates
True
>>> '王佳' in classmates
False
```

📖 列表的常用运算符，不仅可以在列表中使用，也可以在其他序列数据类型中使用，如字符串等。

4.2.5 切片

有时，我们不只是关心列表的全部元素，还需要处理列表的部分元素——Python 称之为切片。创建切片时，要指定使用的第一个和最后一个元素的索引，不过它会在到达指定的第二个索引前面的一个元素后停止，两个索引之间用冒号隔开。例如，要 1～4 四个元素的切片，索引应为[1:5]。举例如下：

```
>>> numbers=list(range(0,20,3))
>>> print(numbers)
[0, 3, 6, 9, 12, 15, 18]
>>> numbers[2:6]
[6, 9, 12, 15]
>>> numbers[-4:-1]
[9, 12, 15]
```

numbers[-4:-1]并没有终止于最后一个元素，这自然就产生了一个问题，如果要得到包含最后一个元素的切片怎么办？当然，可以先求列表的长度，再确定切片的索引，这不简捷。Python 中提供了一个很好的捷径，置空最后一个索引即可。

```
>>> numbers[-4:]
[9, 12, 15, 18]
```

置空第一个索引，Python 将自动从列表开头开始。如果前后两个索引都置空，Python 将创建一个起于第一个元素，终止于最后一个元素的切片，即复制整个列表。

4.3 元组

列表非常适用于在程序运行期间动态变化的数据集。列表是可修改的，这在 Python 中称之为可变的。元组和列表一样，也是一种序列，但不同的是元组不能修改，这在 Python 中称之为不可变的。

创建元组也和创建列表一样，非常简单，不同的是使用()（圆括号）而不是[]（方括号）来标识。例如：

```
>>> (1,2,3)
(1, 2, 3)
>>> ()
()
>>> 1,2,3
(1, 2, 3)
```

📖 用逗号分隔一些值，也能自动地创建元组。

创建空元组和空列表一样，用没有包含任何内容的两个圆括号表示。

创建只包含一个值的元组，值后面必须加逗号，如('h',)。

元组的操作非常简单，它没有像列表一样的方法，只有创建元组，访问元组元素，还有和列表类似的常用函数和相关运算符。

4.4 字典

Python 中的字典和生活中的字典类似，都是通过轻松找到某个词，进而找到词的定义。这个词，在 Python 中称为键，定义称为值，所以字典就是一系列的键-值对。

在例 4-2 中，记录了 Python 班级的学生姓名，例 4-4 中，记录了该班各个同学的成绩。这样利用两个列表建立了成绩和学生姓名的对应，可以通过如下方式查找某人的成绩。

```
>>> classmates=['刘达', '王尔', '李姗', '张悟']
>>> scores = [89, 95, 67, 73, 89]
>>> scores[classmates.index('王尔')]
95
```

这样做虽然可行，但并不直观，致命的是，如果改变 scores 列表的元素顺序，那 classmates 列表的对应元素也必须做同样顺序的改变。其实，真正需要的效果应该类似下面这样：

```
>>> grade['王尔']
95
```

如果 grade 是字典，就能像上面那样操作。

4.4.1 创建字典

【例 4-5】 用一个变量记录 Python 课程的成绩单，包括姓名及其考试分数。

```
grade={'刘达':89, '王尔':95, '李珊':67,'陈思':73, '张悟':89}
```

字典由一系列的键-值对（键及其相关联的值）组成，键-值对也称之为项。在上例中，姓名是键，分数是值。每个键和它的值之间用冒号（:）隔开，键-值对（项）之间用逗号（,）隔开，整个字典用一对花括号（{}）括起来。

空字典使用一对空的花括号定义。例如：

```
>>> {}
```

📖 键可以是任何的不可变类型，而与键相关联的值则可以是数字、字符串、列表乃至字典等任何对象。

4.4.2 字典的基本操作

1. 访问字典中的值

不同于列表，字典是基于键来访问的。要获取与键相关联的值，则指定字典名和放在方括号内的键就可以了，即 dic 为一个字典，dic[k]则返回关联键 k 上的值。例如：

```
>>> grade={'刘达':89, '王尔':95, '李珊':67,'陈思':73, '张悟':89}
>>> grade['王尔']
95
```

📖 Python 不关心项的存储顺序，只关心键-值对的关联关系。

2. 增加项，减少项，修改值

【例 4-6】 在空字典上，再添加键-值对，创建 grade 字典。并假定陈思成绩录入错误，改正之，删除转出 Python 班的张悟同学。

字典和列表一样，是一种动态结构，可以随时添加项，dic[k]=v 就是将值 v 关联到键 k 上，如果键 k 不是字典中的键，那么 dic[k]=v 就是添加一个键-值对 k:v。

```
>>> grade={}
>>> grade['刘达']=89
>>> grade['王尔']=95
>>> grade['李珊']=67
>>> grade['陈思']=73
>>> grade['张悟']=89
>>> print(grade)
{'刘达': 89, '王尔': 95, '李珊': 67, '陈思': 73, '张悟': 89}
```

修改字典，只能修改字典中的值。修改值，也用到 dic[k]=v，但键 k 是字典中的已有键，dic[k]=v 就是将新值 v 关联已有的键 k 上。修改陈思成绩的语句如下：

```
grade['陈思']=75
```

观察结果如下：

```
>>> print(grade)
{'刘达': 89, '王尔': 95, '李珊': 67, '陈思': 75, '张悟': 89}
```

📖 字典中的键是唯一的，即不允许同一个键出现两次。如果同一个键被赋值两次，只有后一个值会被记住。

对于字典中不需要的项，可使用 del 语句将相应的项彻底删除。del dic[k]就是删除键为 k 的项。删除张悟同学的语句如下：

```
del grade['张悟']
```

观察结果如下：

```
>>> print(grade)
{'刘达': 89, '王尔': 95, '李珊': 67, '陈思': 75}
```

4.4.3 字典的常用方法

字典和列表一样，也有方法，这里通过一些实例来掌握字典类型的方法。

【例 4-7】 查看每个人的成绩，统计选修课程有多少人，求出平均成绩。

1．items()

首先，查看每个人的成绩。方法 items()返回一个键-值对列表。for 循环依次将每个键-值对存储到指定的两个变量中。

```
>>> grade={'刘达': 89, '王尔': 95, '李珊': 67, '陈思': 75}
>>> for key,value in grade.items():
        print(key+":"+str(value))
```

运行结果如下：

```
刘达:89
王尔:95
李珊:67
陈思:75
```

2．keys()

其次，统计选修理课程的有多少人。方法 keys()返回字典的键，它是一个列表，包含字典中所有的键，不包含任何值。

```
>>> classmates_fromdict = grade.keys()
>>> classmates_numbers = len(classmates_fromdict)
>>> print(classmates_numbers)
```

```
4
>>> print(classmates_fromdict)
dict_keys(['刘达', '王尔', '李珊', '陈思'])
```

3．values()

最后求平均成绩。方法 values()返回字典的值，它也是一个列表，包含字典中所有的值，而不包含任何键。

```
>>> scores_fromdict = grade.values()
>>> print(scores_fromdict)
dict_values([89, 95, 67, 75])
>>> sumscores = sum(scores_fromdict)
>>> print(sumscores)
326
>>> meanscores = sumscores / classmates_numbers
>>> print(meanscores)
81.5
```

下面再谈谈其他的方法。

4．clear()

方法 clear()清除字典中所有的项，返回值为 None。考虑下面两种情况。

第 1 种情况：

```
>>> grade={'刘达': 89, '王尔': 95, '李珊': 67, '陈思': 75}
>>> grade_copy = grade
>>> print(grade_copy)
{'刘达': 89, '王尔': 95, '李珊': 67, '陈思': 75}
>>> grade = {}
>>> print(grade)
{}
>>> print(grade_copy)
{'刘达': 89, '王尔': 95, '李珊': 67, '陈思': 75}
```

第 2 种情况：

```
>>> grade={'刘达': 89, '王尔': 95, '李珊': 67, '陈思': 75}
>>> grade_copy = grade
>>> print(grade_copy)
```

```
{'刘达': 89, '王尔': 95, '李珊': 67, '陈思': 75}
>>> grade.clear()
>>> print(grade)
{}
>>> print(grade_copy)
{}
```

两种情况中，grade 和 grade_copy 最初对应同一个字典。情况 1 中，通过关联到一个空字典来置空 grade，这对 grade_copy 一点影响也没有，它还关联到原先的字典。情况 2 中，使用 clear()方法，grade_copy 也随 grade 清空了。clear()方法能清空原始字典中的所有元素。

5．copy()

方法 copy()返回一个具有相同项的新字典。

上例中，创建字典的副本时，使用了赋值语句，也可以使用 copy 方法。

```
>>> grade={'刘达': 89, '王尔': 95, '李珊': 67, '陈思': 75}
>>> grade_copy = grade.copy()
>>> grade_copy['王尔'] = 91
>>> print(grade_copy)
{'刘达': 89, '王尔': 91, '李珊': 67, '陈思': 75}
>>> print(grade)
{'刘达': 89, '王尔': 95, '李珊': 67, '陈思': 75}
```

当在副本中替换值的时候，原始字典不受影响。

6．get()

方法 get()是更宽松的访问字典项的方法。一般情况下，如果访问字典中不存在的项时会出错。但是，当使用 get()访问一个不存在的键时，没有任何异常，返回值为 None，如果键存在，使用 get()访问和正常的字典查询一样。

```
>>> grade={'刘达': 89, '王尔': 95, '李珊': 67, '陈思': 75}
>>> grade['张悟']
Traceback (most recent call last):
  File "<pyshell#23>", line 1, in <module>
    grade['张悟']
KeyError: '张悟'
>>> grade.get('张悟')
>>> print(grade.get('张悟'))
```

```
None
>>> grade.get('李珊')
67
```

7．pop()

方法 pop()返回给定键的对应值，然后将这个键-值对从字典中移除。

```
>>> grade = {'刘达': 89, '王尔': 95, '李珊': 67, '陈思': 75, '张悟': 89}
>>> grade.pop('张悟')
89
>>> print(grade)
{'刘达': 89, '王尔': 95, '李珊': 67, '陈思': 75}
```

8．update()

方法 update()利用一个字典更新另外一个字典，它会更新已有键的值，添加没有的键-值对。

```
>>> grade_copy = {'刘达': 89, '王尔': 95, '李珊': 67, '陈思': 75, '张悟': 89}
>>> grade = {'刘达': 89, '王尔': 95, '李珊': 67, '陈思': 73}
>>> grade.update(grade_copy)
>>> print(grade)
{'刘达': 89, '王尔': 95, '李珊': 67, '陈思': 75, '张悟': 89}
```

4.4.4 字典的常用函数

Python 字典中也内置了一些函数，如 dict 函数、len 函数、str 函数等。

1．dict 函数

dict 函数，可以通过其他映射或者键-值对的序列创建字典。例如：

```
>>> gradelist=[('刘达',89),('王尔',95),('李珊',67),('陈思',75),('张悟',89)]
>>> grade=dict(gradelist)
>>> print(grade)
{'刘达': 89, '王尔': 95, '李珊': 67, '陈思': 75, '张悟': 89}
>>> grade['刘达']
89
```

dict 函数也可以通过关键字参数来创建字典。

```
>>> grade = dict(刘达 = 89,王尔 = 95,李珊 = 67,陈思 = 75,张悟 = 89)
>>> print(grade)
{'刘达': 89, '王尔': 95, '李珊': 67, '陈思': 75, '张悟': 89}
```

2．len 函数

len 函数返回字典中元素的个数，即项或键的总数。

```
>>> len(grade)
5
```

3．str 函数

str 函数返回字符串，它将字典以字符串的形式显示。

```
>>> grade = {'刘达': 89, '王尔': 95, '李珊': 67, '陈思': 75, '张悟': 89}
>>> gradestr = str(grade)
>>> print(gradestr)
{'刘达': 89, '王尔': 95, '李珊': 67, '陈思': 75, '张悟': 89}
>>> print(gradestr[2])
1
>>> str(grade)
"{'刘达': 89, '王尔': 95, '李珊': 67, '陈思': 75, '张悟': 89}"
```

事实上，str 函数还可以把其他的数据类型转换为字符串。例如：

```
>>> scores = [89, 95, 67, 75,89]
>>> str(scores)
'[89, 95, 67, 75, 89]'
```

4.5　集合

Python 提供了集合（set）类型，它是一个无序不重复元素集，因此集合里的元素具有唯一性，元素之间也没有顺序关系。

4.5.1　创建集合

创建集合，可以用一对花括号{}及其之间出现的逗号分隔的任意元素。这种形式和字典类似，事实上，和字典一样，如果要求显示一个集合，列出的元素集可能与输入元素的顺序不同。但两者也有所不同，字典的每个项是冒号分隔的一个键-值对，集合只是一个普通的元素。下面是几个集合的例子：

```
>>> ss = {11,'22','hu'}
>>> print(ss)
{11, '22', 'hu'}
>>> s = set()
```

空集只能用 set()生成，表达式{}将生成一个空字典。

4.5.2 集合的操作

1. 增加元素

增加元素用方法 add()。

```
>>> ss = {11,'22','hu'}
>>> print(ss)
{11, '22', 'hu'}
>>> ss.add((1,2,3))
>>> print(ss)
{11, '22', (1, 2, 3), 'hu'}
```

2. 删除元素

删除元素可以用方法 pop()。

```
>>> ss = {11, '22', (1, 2, 3), 'hu'}
>>> ss.pop()
11
>>> print(ss)
{'22', (1, 2, 3), 'hu'}
```

方法 pop()一般用于随机删除元素，指定删除元素用方法 remove()。

```
>>> ss={11, '22', (1, 2, 3), 'hu'}
>>> ss.remove('22')
>>> print(ss)
{11, 'hu', (1, 2, 3)}
```

3. 清除集合

清除集合一般用方法 clear()。

```
>>> ss={11, '22', (1, 2, 3), 'hu'}
>>> ss.clear()
```

```
>>> print(ss)
set()
```

4．复制集合

复制集合用方法 copy()。

```
>>> ss={11, '22', (1, 2, 3), 'hu'}
>>> a=ss.copy()
>>> print(a)
{11, 'hu', '22', (1, 2, 3)}
```

4.6　编程实践

组合数据类型是 Python 中非常好用的数据类型，它们能帮助 Python 解决很多复杂的问题。这里列举几个例子。

【例 4-8】 假定上述例子的同学来自于同一个专业，他们各自选修不同的课程。现有 4 门课程成绩单，统计一下每个同学选修了几门课？

每门课程的成绩单，可以用一个字典来表示。

```
grade1={'刘达': 89, '王尔': 95, '李珊': 67, '陈思': 75}
grade2={'刘达': 75, '王尔': 79, '李珊': 79}
grade3={ '李珊': 87, '陈思': 91,'张悟':75}
grade4={'刘达': 89, '王尔': 86, '张悟': 99}
```

统计每个同学选修了几门课程，就是统计在 4 个字典中，每个人的姓名出现了几次。为此，需要单独摘出姓名来作为一个列表，然后对姓名做一个计数即可。

```
#四门课程的成绩字典
grade1 = {'刘达': 89, '王尔': 95, '李珊': 67, '陈思': 75}
grade2 = {'刘达': 75, '王尔': 79, '李珊': 79}
grade3 = {'李珊': 87, '陈思': 91,'张悟':75}
grade4 = {'刘达': 89, '王尔': 86, '张悟': 99}
#摘出每个字典的姓名，并将它们共同构成一个列表
names = list(grade1.keys()) + list(grade2.keys()) + list(grade3.keys()) + list(grade4.keys())
#创建空字典，存储姓名及其选修的课程门数
course_number = {}
for name in names:
    #统计姓名列表中每人出现的次数，存入字典中
```

```
        course_number[name] = names.count(name)
#打印姓名和选修的课程门数
for k,v in course_number.items():
        print(k + ': ' + str(v))
```

运行结果如下：

```
刘达: 3
王尔: 3
李珊: 3
陈思: 2
张悟: 2
```

【例 4-9】 根据例 4-8 所示的 4 门课程成绩单，生成个人成绩单，并显示每个人选修了几门课程。显示如下：

```
刘达：3，89，75，89
```

为了显示每个人的成绩，需要创建个人成绩列表，如[3,89,75,89]，并将其关联到姓名上，如刘达: [3,89,75,89]，这就是字典。所以创建一个如下的字典，能完整存储每个人的个人成绩单。

```
grade = {'刘达': [3, 89, 75, 89], '王尔': [3, 95, 79, 86], '李珊': [3, 67, 79, 87], '陈思': [2, 75, 91], '张悟': [2, 75, 99]}
```

按照此目标，遍历 grade1，应该得到 grade['刘达']=[1,89]，就只需把 grade1 的键作为 grade 的键，并创建 person_grade=[1,89]。person_grade 分两步走，先 person_grade =[1]，再 person_grade.append(89)，即使用 append()方法添加字典 grade1 对应键的值。

再遍历 grade2，应该得到 grade['刘达']=[2,89,75]。为此，先要检查'刘达'是否出现过。如果出现过，改变'刘达'的 person_grade 分两步走，先 person_grade[0]加 1，再把 grade2 对应键的值 append 到 person_grade 列表中；如果'刘达'没有出现过，就应同遍历 grade1 的处理方法。

现在的问题就落在如何检查'刘达'是否出现过，为此创建一个 names 列表，把不在列表中的姓名，append 上去即可。

```
'例 4-9 打印个人成绩单'
grade1 = {'刘达': 89, '王尔': 95, '李珊': 67, '陈思': 75}
grade2 = {'刘达': 75, '王尔': 79, '李珊': 79}
grade3 = { '李珊': 87, '陈思': 91,'张悟':75}
grade4 = {'刘达': 89, '王尔': 86, '张悟': 99}
#创建四门课程成绩的总列表
```

```
gradelist = [grade1, grade2, grade3, grade4]
#创建姓名的空列表，append 未出现的姓名
names = []
#创建包含所有人的个人成绩单字典
grade ={}
#遍历四门课程成绩的总列表
for coursegrade in gradelist:
    #遍历每门课程成绩字典
    for key, value in coursegrade.items():
        #检查课程成绩单中的姓名是否在姓名列表中
        if key not in names:
            #如果没出现过，append 到姓名列表中
            names.append(key)
            #创建个人成绩列表
            person_grade = [1]
            #把个人成绩 append 到列表中
            person_grade.append(value)
            #在包含所有人的成绩字典中，建立个人和个人成绩列表的关联关系
            grade[key] = person_grade
        else:#如果出现过，改变该人的个人成绩列表
            #取出该人的个人成绩列表
            person_grade = grade[key]
            #课程数加 1
            person_grade[0] += 1
            #新一门的课程成绩附加到个人成绩列表中
            person_grade.append(value)
            #将个人成绩列表关联到该人
            grade[key] = person_grade
#打印个人成绩
for name, person_grades in grade.items():
    person_grade = ''
    k = 0
    for value in person_grades:
        person_grade += str(value)
        k = k+1
        if k < len(person_grades):
            person_grade += ', '

    print(name + ': '+ person_grade)
```

运行结果如下：

```
刘达: 3, 89, 75, 89
王尔: 3, 95, 79, 86
李珊: 3, 67, 79, 87
陈思: 2, 75, 91
张悟: 2, 75, 99
```

【例 4-10】 列表和字典一个经典的应用就是词频统计。现给定一个字符串，分词以“/”划定好。统计每个词出现的次数。字符串如下：

```
'Python/是/一门/程序/设计/的/入门/课程/，/是/您/站/在/风口/上/的/必备/良药/，/是/您/站/在/风口/上/的/必备/良药/，/是/您/站/在/风口/上/的/必备/良药/，/重要/的/事情/说/三遍/！'
```

本题主要是把经过划词的字符串转换成列表，这需要用到字符串方法 split()。有了列表以后，就可以使用例 4-8 的方法进行统计了。不过这里不使用列表的 count()方法，而介绍另一种方法，自行做一个简单的计数器。

```
gCstring='Python/是/一门/程序/设计/的/入门/课程/，/是/您/站/在/风口/上/的/必备/良药/，/是/您/站/在/风口/上/的/必备/良药/，/是/您/站/在/风口/上/的/必备/良药/，/重要/的/事情/说/三遍/！'
g_list=gCstring.split('/')
g_dict={}
punctuations=["，","！"]
  for g in g_list:
        if g not in punctuations:
              if g not in g_dict:
                    g_dict[g]=1
              else:
                    g_dict[g]=g_dict[g]+1
  for k,v in g_dict.items():
        if k not in punctuations:
              print('"'+k+'"')
              print('出现的次数： '+str(v)+'\n')
```

运行结果如下：

```
"Python"  出现的次数： 1
"是" 出现的次数： 4
"一门"   出现的次数： 1
"程序"   出现的次数： 1
"设计"   出现的次数： 1
```

```
"的" 出现的次数： 5
"入门"      出现的次数： 1
"课程"      出现的次数： 1
"您" 出现的次数： 3
"站" 出现的次数： 3
"在" 出现的次数： 3
"风口"      出现的次数： 3
"上" 出现的次数： 3
"必备"      出现的次数： 3
"良药"      出现的次数： 3
"重要"      出现的次数： 1
"事情"      出现的次数： 1
"说" 出现的次数： 1
"三遍"      出现的次数： 1
```

4.7　本章小结

本章以“在程序的世界里看见自己——查看班级信息”案例的实现为主线将知识点全部贯穿，详细介绍了组合数据类型，包括列表、元组、字典和集合。

在编程实践中，通过几个实例，详细介绍了列表和字典如何在程序设计中灵活应用。

这里附上一张表，详细比较了这几种数据类型的使用。

表中，l 代表列表；t 代表元组；d 代表字典；s 代表集合；x，y 代表元素或键或值；k，k1，k2 代表索引。

	列　表	元　组	字　典	集　合
空集及创建方式	[], [x]	(), (x,)	{}, {x:y}	set(), {x}
存储方式	顺序存储	顺序存储	hash 存储	hash 存储
访问方式	l[k], 索引访问	t[k], 索引访问	d[x], 键访问	
增删改操作	l.append(x), l.insert(k,x) l.pop(), l.pop(k), l.remove(x), del l[k] l[x]=v		d[x]=y, 添加项或键-值对 del d[x] d[x]=y, 给已有键重新赋值	s.add(x) s.pop(), s.remove(x)
常用方法	l.sort(), l.count(), l.reverse(), l.index()	t.count(), t.index()	d.items(), d.keys(), d.values(), d.get() d.clear(), d.copy(), d.pop(), d.update()	s.copy(), s.clear()
常用函数	list, sorted, len, reversed	tuple	dict, len	set, len
切片	l[k1:k2]	t[k1:k2]		
可变与不可变	可变	不可变	可变	可变

4.8 习题

1. 概念题

1）什么是列表？什么是元组？它们各用于什么情形？

2）什么是字典？什么是集合？它们各用于什么情形？

3）字典和列表在存储方式上有什么区别？

4）请举出几个应用字典的实际例子。

2. 编程题

1）给定一个正整数 n，找出 1～n 之间的所有素数。请把已找好的素数存放在列表中，并利用素数列表来判断新的整数是否是素数。

2）给定一个多项式：

$$\sqrt{f(x) = a_n x^n + a_{n-1} x^{n-1} + \cdots + a_1 x + a_c}$$

用字典表示该多项式，并完成多项式的加法。要求：无论在运算对象还是在运算结果中，不能出现系数为 0 的项。

3）用字典设计一个程序录入学生作业情况。如：

```
{'海航': {'20200322': '未交', '20200401': '已交'}, '国航': {'20200322': '已交', '20200401': '已交'}}
```

第5章　函　　数

在编写大型程序时，经常遇到某件事情在不同情形下都会出现，那么处理这件事情的代码需要在不同情形下都重写一遍吗？当然不用。程序应该抽象一些，只需告诉它做什么就行，这非常有利于设计和阅读程序，至于具体怎么做的细节会在其他地方给出——单独的函数中。

函数是组织好的、可重复使用的、用来实现单一或相关联功能的程序段。可以利用函数把程序划分成小块，这样便于理解和修改程序。此外，函数可以复用：一个函数最初可能是某个程序的一部分，但可以将其用于其他程序中。

本章将学习如何定义和调用函数，如何与函数传递信息（参数和返回值）以及变量作用域的概念。在编程实践中，还要学习递归的概念和模块化程序设计。

5.1　案例：在程序的世界里看见自己——查看统计信息

在本章案例中，将查看关于个人和班级的统计信息，主要内容如下。

1）创建求列表长度的 my_len()函数。

2）根据列表生成课程成绩字典。

3）显示已有的个人信息。

4）统计每门课程的平均成绩。

5）按姓名检索成绩和排名。

6）编程实践中，以汉诺塔游戏为例介绍了递归方法，又以验证哥德巴赫猜想为例，介绍了模块化程序设计。

5.2　函数简介

求列表的长度可用 len 函数。如果不用 len 函数，如何求得列表的长度呢？可使用下面的程序段来求得列表长度，如求列表 scores = [89, 95, 67, 75]的长度。

```
>>> scores = [89, 95, 67, 75]
>>> length = 0
>>> for i in scores:
```

```
        length += 1

>>> print(length)
4
```

这段程序段，完美地求出了列表 scores 的长度。

不过，又来了一个新的任务，现要统计 classmates = ['刘达', '王尔', '李姗', '陈思', '张悟']的长度。可把上述程序段的第 1 行替换掉，把列表变量改名，其余的代码复制即可得到如下程序

```
>>> classmates = ['刘达', '王尔', '李姗', '陈思', '张悟']
>>> length = 0
>>> for i in classmates:
        length += 1

>>> print(length)
5
```

以上程序相较于使用 len()来求列表的长度，似乎有点缺憾。第一，需要反复重写这段代码，造成代码冗余；第二，由于反复重写，如果某部分有错误，就得处处修改，不利于维护；第三，半年以后再来看这段程序，如果不仔细研读代码和细节，很难明白程序的意思，造成程序组织结构不一目了然，可读性差。

所以，能不能用一段代码来实现相同的功能呢？例如，用 my_len()来代替 Python 中的 len 函数，既解决代码冗余，又让其可读性好。这就引出了函数。

函数是组织好的、可重复使用的、用来实现单一或相关联功能的程序段。它能提高应用的模块性和代码的重复利用率。其实，Python 提供了许多内置函数，例如，print()和 len()等，第 4 章所讲的方法也属于内置函数。Python 允许用户自己创建函数，称为用户自定义函数。

5.3 函数的定义和调用

5.3.1 函数定义

要想创建一个 my_len()函数，用以代替 len()函数，my_len()就得对任何列表都适用，这就要求它能接受指定的任意列表。所以，在 my_len 函数中，需要有变量接受指定的列表，这种变量叫作参数。

定义函数要用关键字 def 来告诉 Python 你要创建函数。定义函数的一般形式如下：

```
def 函数名(参数):
    函数体
```

【例 5-1】 创建 my_len 函数，计算列表的长度。

```
1    def my_len(mylist):
2     #mylist，某个列表
3         length = 0
4         for i in mylist:
5             length += 1
6
7       print(length)
```

第 1 行代码用关键字 def 来告诉 Python 要定义函数，紧接着，向 Python 指出了函数名为 my_len，同时在括号内指出函数为完成其任务需要的参数信息。

5.3.2 函数调用

使用 my_len 函数计算 scores 列表和 classmates 列表的长度，就需调用 my_len 函数。函数调用就是让 Python 执行函数的代码。调用函数，需指定函数名以及给参数传递必要的信息。

【例 5-2】 调用 my_len 函数，计算 scores 列表和 classmates 列表的长度。

```
8    # 在【例 5-1】代码后加入以下行
9    scores = [89, 95, 67, 75]
10   my_len(scores)
11   classmates = ['刘达', '王尔', '李娜', '陈思', '张悟']
12   my_len(classmates)
```

程序的运行结果为 4 和 5，和前面一致。第 10 行语句调用 my_len 函数，将 scores 列表传递给第 1 行的 mylist。

这里存在两个变量：变量 mylist 是形参，是函数为完成其工作所需的一项信息。在函数创建时，mylist 没有实际值，只是在函数调用时用来接收实际值的，所以它被称之为形式参数或名义参数，简称形参；变量 scores 是实参，是调用函数时传递给函数的信息，它必须有确定的值，以便把这些值传递给形参。在使用它之前，必须预先用赋值、输入等办法使实参获得确定值。

5.3.3 返回值

只看例 5-2 的运行结果 4 和 5，很难明白输出结果的含义，因此，希望运行结果能显示得友好一些，例如，scores 列表的长度为 4，classmates 列表的长度为 5。这就要求函数不仅能显示结果，还能返回结果，以供主程序作进一步的处理，这个返回结果被称为返回值。在函数中，可使用 return 语句将值返回到主程序中调用函数的代码行。函数返回值能将程序的大部分繁重工作移到函数中完成，从而简化主程序。

【例 5-3】 在例 5-2 中，输出：scores 列表的长度为 4，classmates 列表的长度为 5。改写 my_len 函数，让它返回 length 值，而不是打印 length 值。

```
1   def my_len(mylist):
2       length = 0
3       for i in mylist:
4           length += 1
5       return length
6
7       #主程序
8       scores = [89, 95, 67, 75]
9       k = my_len(scores)
10      print("scores 列表的长度为", k)
11      classmates = ['刘达', '王尔', '李姗', '陈思', '张悟']
12      k = my_len(classmates)
13      print("classmates 列表的长度为", k)
```

在第 9 行代码中，调用 my_len 函数，由于它有返回值，需要提供一个变量 k，用于存储返回的值。例 5-3 运行的结果如下：

```
scores 列表的长度为 4
classmates 列表的长度为 5
```

5.4 参数传递

函数定义中可以不包含形参，也可以包含一个，还可以包含多个形参。不包含形参的函数，不需要向其传递信息，就能独立完成某个任务。包含多个形参的函数，就需要向其传递多个实参，这就涉及形参和实参的对应问题，最简单的办法就是位置参数，它是按照顺序对应的。

5.4.1 位置参数

Python 函数调用时每个实参都必须关联到函数定义中的一个形参。位置参数是基于实参顺序对应的，它要求实参的顺序和形参的顺序完全相同。

【例 5-4】 生成班级的课程成绩单。把例 5-1 所对应的两个列表 classmates = ['刘达', '王尔', '李姗', '陈思']和 scores = [89, 95, 67, 75]建立关联关系，即生成字典 grade=

{'刘达': 89, '王尔': 95, '李珊': 67, '陈思': 75}。假定 classmates 列表和 scores 列表均按学号顺序排列。

```
'''通过两个列表建立字典'''
def buildict(keys,values): #建立字典函数
    artdict = {}
    for i in keys: #i 为关键字
        artdict[i] = values[keys.index(i)]
    return artdict

#主程序
classmates = ['刘达', '王尔', '李姗', '陈思']
scores = [89, 95, 67, 75]
grade = buildict(classmates, scores)#调用函数
print(grade)
```

运行结果如下：

```
{'刘达': 89, '王尔': 95, '李姗': 67, '陈思': 75}
```

buildict 函数的定义表明，它需要一个键列表和一个值列表。调用 buildict 函数时，也需要按顺序提供一个键列表和一个值列表，实参 classmates 列表存储在形参 keys 中，而实参 scores 列表存储在形参 values 中。在函数体内，使用了这两个形参来显示键和值的信息。

📖 位置参数顺序很重要，如果实参的顺序不正确，结果可能出乎意料。

5.4.2 关键字参数

位置参数如果传递的顺序不正确，函数调用就出现了错误结果。那能否忽略实参顺序，而结果不产生混乱呢？Python 提供了关键字参数来解决这个问题。关键字参数传递给函数的是名称-值对。调用函数时，直接将名称（形参）和值（实参）关联起来。这样，向函数传递信息时不会混淆，无需考虑参数顺序，还清楚地指出了函数调用中各个值的用途。

【例 5-5】 重写例 5-4 的主程序，用关键字参数调用 buildict 函数。

```
#主程序（关键字参数调用）
classmates = ['刘达', '王尔', '李姗', '陈思']
scores = [89, 95, 67, 75]
grade = buildict(values=scores, keys=classmates)#关键字参数调用函数
print(grade)
```

运行结果如下：

```
{'刘达': 89, '王尔': 95, '李姗': 67, '陈思': 75}
```

关键字参数还可以在函数中给参数提供默认值。当某个参数具有默认值，在调用该参数时就可以不用为其提供实参了。

【例 5-6】 假定这些同学为同一班级，他们有多门课程为必修，每门课程的分数列表如下：

```
scores1 =   [89, 95, 67, 75]
scores2 =   [75, 79, 79, 75]
scores3 =   [85, 89, 93, 81]
```

现在，要生成这三门课程的成绩单。

当然，调用 buildict 函数三次，每次为 keys 传值为 classmates，然后再分别为 values 传值 scores1、scores2、scores3，任务也能完成。但是 keys 每次值都一样的，能不能少输入几次呢？解决办法就是使用默认值参数。重写这段程序如下：

```
'''通过两个列表建立字典'''
def buildict(values, keys= ['刘达', '王尔', '李姗', '陈思']): #形参为默认值
    artdict = {}
    for i in keys: #i 为关键字
        artdict[i] = values[keys.index(i)]
    return artdict

#主程序(默认值实参调用)
scores1 = [89, 95, 67, 75]
grade1 = buildict(values=scores1)#默认值，关键字参数调用函数
print(grade1)
scores2 =   [75, 79, 79, 75]
grade2 = buildict(scores2)#默认值，位置参数调用函数
print(grade2)
scores3 =   [85, 89, 93, 81]
classmates = ['刘达', '王尔', '李姗', '陈思']
grade3 = buildict(scores3, classmates)#忽略形参的默认值
print(grade3)
```

运行结果如下：

```
{'刘达': 89, '王尔': 95, '李姗': 67, '陈思': 75}
{'刘达': 75, '王尔': 79, '李姗': 79, '陈思': 75}
```

```
{'刘达': 85, '王尔': 89, '李姗': 93, '陈思': 81}
```

📖 使用默认值时，在形参列表中必须先列出没有默认值的形参，再列出有默认值的形参。

关键字参数还可以和位置参数混合使用，只不过需要把位置参数放在参数列表（包含形参列表和实参列表）的前面。如下面的代码段：

```
def buildict(keys, values):
grade = buildict(classmates, values = scores)
```

或

```
def buildict(values, keys):
grade = buildict(scores, keys = classmates)
```

📖 一般情况下，应避免混合使用位置参数和关键字参数，除非完全清楚程序的功能和参数的意义。即便如此，也会给他人阅读程序带来困难。

5.4.3 可变长度的参数

有时，我们预先并不知道函数需要接受多少个实参。例如，写一个函数来展示打印火锅的配菜表，火锅里的配菜可以随心所欲随意添加，于是函数参数的个数就是不确定的；在例 5-6 中，如果不确定课程数，那分数列表的个数就不确定。在这种情况下，程序又该如何实现呢？

解决此类问题的办法是使用可变长度的参数，例 5-7 中 buildict 函数的形参 *values，不管调用语句提供了多少实参，这个形参将它们统统收入囊中。

【例 5-7】 修改例 5-6 的程序，要求它适用于课程数不确定的情况，即分数列表的个数不确定时。

```
'''通过两个列表建立字典'''
def buildict(keys, *values):
#形参为任意数量
    listofdict = []#创建字典组成的列表
    for value in values: #value 为每一份分数单
        artdict = {}
        for i in keys: #i 为关键字
            artdict[i] = value[keys.index(i)]
        listofdict.append(artdict)#把字典添加到列表中
    return listofdict

```

```
#主程序
scores1 = [89, 95, 67, 75]
scores2 =   [75, 79, 79, 75]
scores3 =   [85, 89, 93, 81]
classmates = ['刘达', '王尔', '李姗', '陈思']
listofgrades = buildict(classmates, scores1, scores2, scores3)#输入任意数量的实参
#打印每门课程的成绩单
for grades in listofgrades:
    print(grades)
```

运行结果与例 5-6 相同。

📖 形参*values 中的星号让 Python 创建一个名为 values 的空元组。

可变长度的参数不仅可以为位置参数，也可以为关键字参数。在预先不知道传递给函数的参数是什么信息的情况下，可将函数编写成能够接受任意数量的名称-值对。例如要建立如下的字典：

```
{2020310912:{'姓名':'刘达','籍贯':'湖北','爱好':'乒乓'}, 2020310867:{'姓名':'王尔', '籍贯':'北京'}, 2020310733:{'姓名':'李珊', '民族':'苗'}}
```

📖 一般情况下，可变长度的形参放在形参列表的最后，但遇到默认值参数时，必须将默认值的形参和实参均放在参数列表的最后。

【例 5-8】 在学号下，显示每个人的个人信息，但由于个人信息不全，只显示已有的信息。

程序如下：

```
'''建立只含一个人信息的字典'''
def student_information(stunumber,**stuinfo):#形参为可变长度的关键字参数
    stuinfodict = {}
    stuinfodict[stunumber] = stuinfo
    return stuinfodict
#主程序
student_profile = {}
number = 2020310912
#用获得的某人个人信息字典去更新包含所有人的字典
student_profile.update(student_information(number, 姓名='刘达', 籍贯='湖北',爱好='乒乓'))
#获得另外两个人的信息
number = 2020310867
```

```
13    student_profile.update(student_information(number, 姓名='王尔', 籍贯='北京'))
14    number = 2020310733
15    student_profile.update(student_information(number, 姓名='李珊', 民族='苗'))
16    print(student_profile)
```

运行结果如下：

```
{2020310912: {'姓名': '刘达', '籍贯': '湖北', '爱好': '乒乓'}, 2020310867: {'姓名': '王尔', '籍贯': '北京'}, 2020310733: {'姓名': '李珊', '民族': '苗'}}
```

程序第 10 行、13 行、15 行调用 student_information 函数时，**stuinfo 允许用户根据需要提供任意数量的名称-值对，其中的两个星号让 Python 创建一个名为 stuinfo 的空字典，并将接收到的所有名称-值对都封装到这个字典中。在这个函数中，可以像访问其他字典一样访问 stuinfo。

5.4.4 参数错误

在 Python 中使用函数时，当提供的实参数量与形参个数不匹配，将会出现参数不匹配的错误。

比如下面的简单例子：

```
def paranotmatch(a,b):
    ''
#主程序
c = paranotmatch(5)
```

运行以后，出错如下：

```
Traceback (most recent call last):
①File "parafault.py", line 4, in <module>
②c = paranotmatch(5)
③TypeError: paranotmatch() missing 1 required positional argument: 'b'
```

在①处，traceback 指出了问题出在了什么地方；在②处，指出了是哪个函数；在③处，指出函数调用少了一个参数，并指出相应的形参名称 b。

另外一种参数错误是实参的数据类型与形参的要求不一致，不过由于 Python 不提供变量声明，它不检查参数的数据类型，因此它只在函数运行时报告具体的错误。

```
def paratype(a,b):
    dic ={}
    dic[a] = b
    return dic
```

```
#主程序
a = ['hello']
b = 1
c= paratype(a,b)
```

运行结果报错如下：

```
Traceback (most recent call last):
  ① File "paratypefault.py", line 9, in <module>
     c= paratype(a,b)
  ② File " paratypefault.py", line 3, in paratype
     dic[a] = b
  ③TypeError: unhashable type: 'list'
```

在①处，traceback 指出了问题出在了什么地方；在②处，指出了是哪个语句；在③处，指出错误原因。

5.5 变量的作用域

变量的作用域是指在程序中定义变量的位置及其能被读写访问的范围。因此，一个程序的所有变量并不是在任意位置都可以访问的。根据变量的作用域是程序的某个局部范围还是整个程序，可将变量分为全局变量和局部变量。

在函数内部赋值的变量一般拥有局部作用域，称为局部变量，它只能在其被声明的函数内部访问。如下面的程序段：

```
①>>> def function(a):
 a=a+4
 return a

②>>> a=3
③>>> function(a)
7
④>>> print(a)
3
```

在①处，定义了函数 function，它的形参为 a，因此此处 a 的作用范围为在函数内部，函数结束，a 失效，与函数外部同名的变量没有冲突。②处，a 赋值为 3，此处 a 的作用范围在函数外部。③处，调用函数 function，把实参 a=3 传递给形参 a，并完成函数运行，返回值 7，函数运行结束，函数内的 a=7 失效。④处，输出 a 值，只有 a=3

还有意义，所以运行结果为3。

如果想要变量在函数运行结束后，继续保持它的值，可以使用全局变量。全局变量可以在整个程序范围内访问。若在函数内使用全局变量，Python要求在函数内用global语句说明。如以下程序段：

```
>>> def function():
 ①global a
 a=a+4
 return a

>>> a=3
>>> function()
7
②>>> print(a)
7
```

注意①处的global a，这样a的值不需要进行参数传递，在函数外赋值就可以，改变的a值在函数外也会被保留，如②处的运行结果。

5.6 编程实践

函数是程序模块化的基础，通过它们可将代码块与主程序分离。再通过给函数指定描述性名称和注释，可让主程序容易理解得多。下面展示几个应用函数的例子。

【例5-9】 在例4-8统计每门课的平均成绩。每门课程的成绩字典，重新展示如下：

```
grade1={'刘达': 89, '王尔': 95, '李珊': 67, '陈思': 75}
grade2={'刘达': 75, '王尔': 79, '李珊': 79}
grade3={ '李珊': 87, '陈思': 91,'张悟':75}
grade4={'刘达': 89, '王尔': 86, '张悟': 99}
```

统计每门课程的平均成绩比较简单，就是把每份成绩字典的“值”加起来，再除以项数。程序代码如下：

```
'''求字典的平均值'''
def dict_meanvalue(dicta):
    sum = 0
    for value in dicta.values():
        sum = sum + value #字典的值累加和
    n = len(dicta) #字典的项数
```

```
7           meanvalue = sum /n#平均值
8           return meanvalue
9
10      #主程序
11      grade1={'刘达': 89, '王尔': 95, '李珊': 67, '陈思': 75}
12      grade2={'刘达': 75, '王尔': 79, '李珊': 79}
13      grade3={ '李珊': 87, '陈思': 91,'张悟':75}
14      grade4={'刘达': 89, '王尔': 86, '张悟': 99}
15      #调用 dict_meanvalue 函数求每门课的平均值
16      meanscore1 = dict_meanvalue(grade1)
17      meanscore2 = dict_meanvalue(grade2)
18      meanscore3 = dict_meanvalue(grade3)
19      meanscore4 = dict_meanvalue(grade4)
20      meanscore_list = [meanscore1, meanscore2, meanscore3, meanscore4]#创建平均分列表
21
22      '''输出每门课的平均分'''
23      def print_meanscore(lista):#按格式输出列表值
24          N = len(lista)
25          for i in range(N):
26              print('课程'+ str(i+1)+ '的平均分是：'+ str(lista[i]))
27      #主程序
28      print_meanscore(meanscore_list)
```

运行结果如下：

```
课程 1 的平均分是：81.5
课程 2 的平均分是：77.66666666666667
课程 3 的平均分是：84.33333333333333
课程 4 的平均分是：91.33333333333333
```

程序的第 16～19 行代码反复调用了 dict_meanvalue 函数，它们的区别仅仅在于参数和赋值对象不同，能否像第 23～26 行代码一样利用循环进行调用？

📖 小练习：将上段程序的第 16～19 行代码改成循环调用，并使用函数使主程序简单化。

【例 5-10】 对 Python 课程的成绩字典 grade={'刘达': 89, '王尔': 95, '李珊': 67, '陈思': 75}按成绩高低进行排序，并按姓名进行检索成绩和排名。例如：

```
输入：'刘达，输出为：'刘达'的成绩为 89，排名第 2
```

字典是 hash 存储的，无法对其进行索引排序，因此将其分裂为键列表和值列表，

对值列表进行排序。

排序有很多种方法，第 3 章的例 3-15 对选择排序做了详细说明，把它构建成函数的形式就可以在本例中使用。这里，优先考虑利用列表的排序函数 sorted。而排序算法就不再赘述。

下一步的工作就是按姓名检索成绩和排名，这是按关键字检索，因此需要再建立一个字典，姓名应关联成绩及其对应的排名。

程序代码如下：

```
'''成绩字典排序，并按姓名检索'''
#字典分离成键和值的两个列表
def dictolist(dicta):
    keys = []
    values = []
    for key,value in dicta.items():
        keys.append(key)#键列表
        values.append(value)#值列表
    return keys, values

#字典按值排序，返回排序字典
def sorted_dict(keys, values):
    sorted_values = sorted(values,reverse = True)#值降序排序
    sorted_dicta = {}
    for i in sorted_values:
        rank = sorted_values.index(i) + 1#值 i 对应的排序名次
        k = values.index(i)#值 i 在未排序的值列表中的索引
        sorted_dicta[keys[k]] = [i, rank]#构建排序字典，值 i 关联的键附上排名
    return sorted_dicta

#主程序
grade={'刘达': 89, '王尔': 95, '李珊': 67, '陈思': 75}
#调用 dictolist 函数，把成绩字典分为姓名和分数两个列表
names, scores = dictolist(grade)
#通过对 scores 排序，及与 names 的关联关系，形成排序字典
sorted_grade = sorted_dict(names, scores)
#输入正确的姓名
name = input('请输入同学的姓名：')
while name not in names:
    print('输入错误')
```

```
        name = input('请重新输入同学的姓名：')
#读取排序后字典的分数
score = sorted_grade[name][0]
#读取排序后字典的名次
rank = sorted_grade[name][1]
#输出结果
print(name+ '的成绩为'+ str(score)+ '排名第'+ str(rank))
```

运行结果如下：

```
请输入同学的姓名：李珊
李珊的成绩为 67 排名第 4
```

【例 5-11】 汉诺塔游戏。

汉诺塔（Hanoi）游戏是必须用递归方法才能解决的经典问题。它来源于印度神话，大梵天创造世界的时候做了三根金刚石柱子，在一根柱子上从下往上按照大小顺序摞着 64 片黄金圆盘，如图 5-1 所示。大梵天命令婆罗门把圆盘从下面开始按大小顺序重新摆放在另一根柱子上，并且规定，在小圆盘上不能放大圆盘，在三根柱子之间一次只能移动一个圆盘。

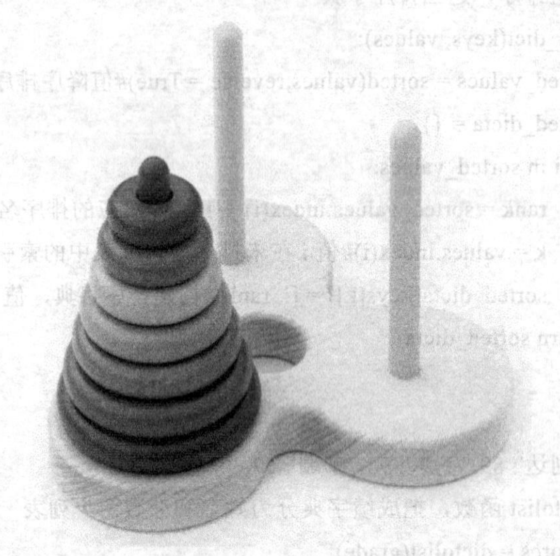

图 5-1 汉诺塔游戏

有人预言说，这件事完成时宇宙会在一瞬间闪电式毁灭，也有人相信婆罗门至今仍在一刻不停地搬动着圆盘。其实有人曾计算过，当 n=64 时，所需移动次数为 1844 亿亿次以上，如果每按次耗时 1μs 计算，那么完成 64 个圆盘的移动需要 60 万年。

汉诺塔游戏的三根杆分别标注为 A 杆、B 杆和 C 杆，如图 5-2 所示，需要把 A 杆上的 n 个盘子移动到 B 杆上。

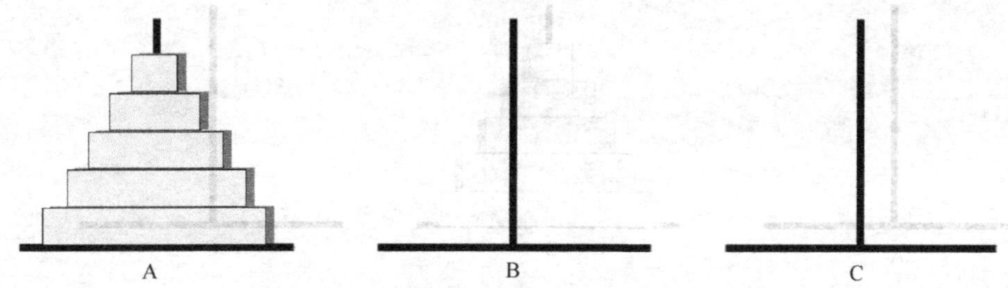

图 5-2 汉诺塔问题起始状态

这三根杆，分工是这样的：起始杆，圆盘移动时起始位置；目标杆，移动结束时，圆盘所在的位置；媒介杆，圆盘移动过程中，不能只在起始杆和目标杆中移动，否则，它会大盘压小盘，必须借助一根杆，帮助实现每次移动都是小盘在上，大盘在下。

假设 n-1 时，汉诺塔问题已经解决，也就是，前 n-1 个盘已经能够借助媒介杆，从起始杆移到目标杆。则 n 时，汉诺塔问题如何解决？

那当然是先把前 n-1 个盘子先移动到 C 杆，如图 5-3 所示。

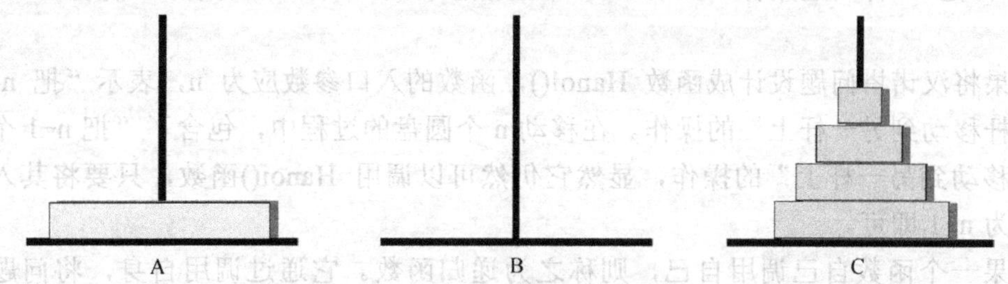

图 5-3 前 n-1 个盘子从 A 杆移动到 C 杆

那么，对于图 5-3 的这 n-1 个盘子而言，起始杆是 A 杆，目标杆是 C 杆，媒介杆是 B 杆。而对于图 5-2 的 n 个盘子而言，起始杆是 A 杆，目标杆是 B 杆，媒介杆是 C 杆。

那下一步是什么？当然是把 A 杆的第 n 个盘子移动到 B 杆，如图 5-4 所示。

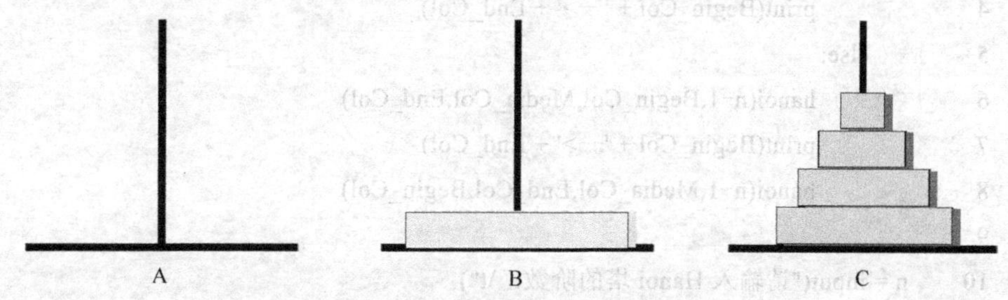

图 5-4 第 n 个盘子从 A 杆移动到 B 杆

再下一步是什么？那就是把 C 杆上的 n-1 个盘子移动到 B 杆上来，注意对于图 5-4 的 n-1 个盘子而言，起始杆是 C 杆，目标杆是 B 杆，媒介杆是 A 杆。移动完成状态如图 5-5 所示。

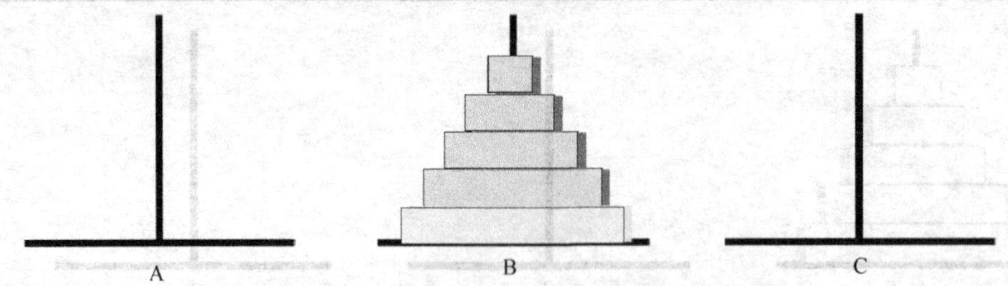

图 5-5　n 个盘子移动到 B 杆完成时的状态

总结一下，n 个盘子的汉诺塔问题描述是把 n 个盘子从 A 杆（起始杆）移动到 B 杆（目标杆），借助 C 杆（媒介杆）。在假定前 n-1 个盘子移动问题已经解决的情况下，解决办法分三步走。

1）把前 n-1 个盘子从 A 杆（起始杆）移动到 C 杆（目标杆），借助 B 杆（媒介杆）；

2）把第 n 个盘子从 A 杆移动到 B 杆；

3）再把 C 杆（起始杆）上的 n-1 个盘子移动到 B 杆（目标杆），借助 A 杆（媒介杆）。

如果将汉诺塔问题设计成函数 Hanoi()，函数的入口参数应为 n，表示“把 n 个盘子从一杆移动到另一杆上”的操作。在移动 n 个圆盘的过程中，包含了“把 n-1 个盘子从一杆移动到另一杆上”的操作，显然它仍然可以调用 Hanoi()函数，只要将其入口参数修改为 n-1 即可。

如果一个函数自己调用自己，则称之为递归函数。它通过调用自身，将问题转化为本质相同但规模较小的子问题。

汉诺塔问题的具体编程实现如下：

```
'''Hanoi 问题'''
def hanoi(n,Begin_Col,End_Col,Media_Col):
    if n == 1:
        print(Begin_Col + '-->' + End_Col)
    else:
        hanoi(n-1,Begin_Col,Media_Col,End_Col)
        print(Begin_Col + '-->' + End_Col)
        hanoi(n-1,Media_Col,End_Col,Begin_Col)

n = input("请输入 Hanoi 塔的阶数：\t")
n = int(n)
hanoi(n,'A','B','C')
```

运行结果如下：

```
请输入Hanoi塔的阶数：     4
A-->C
A-->B
C-->B
A-->C
B-->A
B-->C
A-->C
A-->B
C-->B
C-->A
B-->A
C-->B
A-->C
A-->B
C-->B
```

它表示了每个盘子的运动轨迹。

【例 5-12】 读入一个最大整数，对该数之前的所有偶数验证哥德巴赫猜想的正确性，即一个大于等于 4 的偶数可以分解成两个素数之和。例如，4=2+2；6=3+3；8=3+5；等等。

📖 哥德巴赫猜想也被称为“1+1 问题”：任何一个大于等于 4 的偶数可以分解为两个素数之和。至今未获证明。已故的陈景润先生（1933—1996）证明了一个最接近的结果《表达偶数为一个素数及一个不超过两个素数的乘积之和》（“1+2 问题”）。

本例子主要介绍模块化程序设计。

程序设计的一个重要的设计思想是：模块化程序设计以及其中的自顶向下设计方法。当设计复杂程序时，采用自顶向下的方法，将要求解的编程问题划分成几个部分（子模块），如果一个子模块仍然复杂，可以继续向下分解，直到每一个子模块都足够简单。程序可以看作是各个模块互相协作而完成的一项计算任务。本例中将看到，除了将程序中常用的计算或操作做成通用函数，函数还有一个重要的用途：将子模块实现为函数，从而帮助程序实现模块化。自顶向下方法是一种分治法（分而治之）。

1. 自顶向下设计

第 0 层，即主程序（main 模块）。从高层次看，它包含 3 个步骤：读入一个大于等于 4 的最大数；将其分解为两个素数之和；若成功分解，则打印出这两个素数，否则报错。因此，将 main 分解为 readMax、decompose 和 printResult 这三个子模块。

其中，decompose 模块仍然抽象，想到可以用穷举法做，即：用循环将一个偶数分解为所有两两整数之和，然后检查每次分解后的两数是否均为素数。进一步，单独做一个子模块 isPrime 来判断一个整数是否为素数。图 5-6 显示了例 5-12 的自顶向下设计图（模块图），表 5-1 将各个模块转换为函数。其中，“穷举法将该数分解为任意两个正整数之和”是 decompose 函数内部的代码段，不定义为函数。注意：该模块图不是流程图，箭头方向表示上层模块（函数）对下层模块（函数）的调用关系，模块图不表达分支、循环等关系。

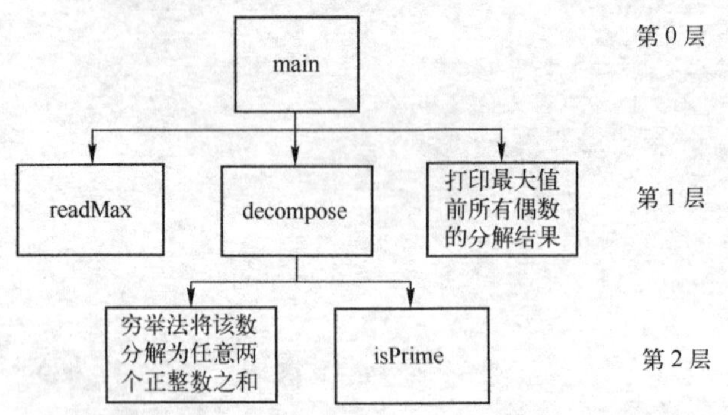

图 5-6　例 5-12 的自顶向下设计图（模块图）

表 5-1　例 5-12 的函数设计

模块名 转换为 函数名	描　　述
main()	验证哥德巴赫猜想的程序
readMax()	读入一个最大整数，要求它是一个大于等于 4 的数。返回此数
decompose(a)	返回偶数 a 成功分解的两个素数；若不能分解，则返回[0, 0]
isPrime(x)	判断一个数 x 是否为素数，若是，返回 True；否则，返回 False。判断素数的算法可由其定义得到，将该数 x 依次除以 2, 3, …, x-1，若余数都不为 0，则 x 是一个素数

2. 自底向上实现

由于上层模块依赖于下层模块，因此，需先实现下层模块。此处，可依次实现：readMax；isPrime、decompose；printResult；main。注意在实现完一个模块后，紧接着要测试它，保证其正确性——这样做的好处是：错误只可能出现在新实现的模块中，易于定位错误。

（1）实现 readMax 函数

```
def readMax():
    #读入一个最大整数，要求它是一个大于等于 4 的数。返回此数。
    while True:
        a = int(input('请输入一个大于等于 4 的最大整数：'))
        if a >=4:
```

```
            return a
        else:
            print('这不是一个大于等于 4 的数！')


readMax()
```

readMax 函数的运行结果如下：

```
请输入一个大于等于 4 的最大整数：2
这不是一个大于等于 4 的数！
请输入一个大于等于 4 的最大整数：100
```

（2）实现 isPrime 函数

```
def readMax():
    #读入一个最大整数，要求它是一个大于等于 4 的数。返回此数。
    while True:
        a = int(input('请输入一个大于等于 4 的最大整数：'))
        if a >=4:
            return a
        else:
            print('这不是一个大于等于 4 的数！')

def isPrime(x):
    #判断一个数 x 是否为素数，若是，返回 True；否则，返回 False。
    if int(x) != x or x <2:
        return False

    for i in range(2,x-1):
        if x % i == 0:
            return False

    return True

for i in range(1,101):
    if isPrime(i):
        print(i)
```

测试 isPrime 函数，使用它打印 100 以内的素数表，与已知素数表做比较，正确无误。运行结果如下：

```
2
3
5
7
11
13
17
19
23
29
31
37
41
43
47
```

（3）实现 decompose 函数和 main 函数

```
def readMax():
    #读入一个最大整数，要求它是一个大于等于 4 的数。返回此数。
    while True:
        a = int(input('请输入一个大于等于 4 的最大整数：'))
        if a >=4:
            return a
        else:
            print('这不是一个大于等于 4 的数！')

def isPrime(x):
    #判断一个数 x 是否为素数，若是，返回 True；否则，返回 False。
    if int(x) != x or x <2:
        return False

    for i in range(2,x-1):
        if x % i == 0:
            return False

    return True

```

```
def decompose(a):
    #返回偶数 a 成功分解的两个素数；若不能分解，则返回[0, 0]。
    if a % 2 != 0 or a < 4:
        print(str(a) + '：这不是一个大于等于 4 的偶数！')
        return [0,0]

    for i in range(2,a-1): #使用穷举法分解该偶数
        if isPrime(i) and isPrime(a-i):
            return [i,a-i]

    return [0,0]

def main():
    #验证哥德巴赫猜想的程序。
    maxNum = readMax()
    for i in range(4,maxNum+1,2):
        primes = decompose(i)
        if primes == [0,0]:
            print('哥德巴赫猜想错误：' + str(i) + '不能分解为两个素数之和。')
        else:
            print('{}={}+{}'.format(i,primes[0],primes[1]))

main()
```

对 100 以内的大于等于 4 的偶数进行测试，运行结果如下：

```
请输入一个大于等于 4 的最大整数：50
4=2+2
6=3+3
8=3+5
10=3+7
12=5+7
14=3+11
16=3+13
18=5+13
20=3+17
22=3+19
24=5+19
26=3+23
28=5+23
```

```
30=7+23
32=3+29
34=3+31
36=5+31
38=7+31
40=3+37
42=5+37
44=3+41
46=3+43
48=5+43
50=3+47
```

综上所述，自顶向下设计（模块化）方法体现了结构化程序设计“自顶向下、逐步求精”的重要编程思想。在自顶向下设计阶段，集中理清编程思路，将一个复杂的编程问题逐层细化分解为一个个子问题（子模块），定义出函数。在自底向上实现阶段，从底层模块开始实现，每次集中精力于一个模块，边实现边测试，易于定位错误。因此，自顶向下设计（模块化）方法在降低编程的复杂度上具有重要价值。

5.7 本章小结

本章以“在程序的世界里看见自己——查看统计信息”案例的实现为主线将函数的各个知识点贯穿，详细介绍了函数的作用，如何创建函数，函数的调用，函数返回值，参数的传递和变量的作用域。

函数能让程序更容易阅读，良好的函数名概述了程序各个部分的作用。函数还能让代码被反复使用。

Python 中用 def 来创建函数，向函数传递参数时可用位置参数和关键字参数，根据情况的变化，还可使用可变长度的参数和默认参数等。如果函数有返回值，可使用 return 语句。

变量的作用域一般取决于它赋值的位置。全局变量得使用 global 说明。

递归思想是程序设计中的基本思想之一，而模块化程序设计方法则是程序设计中的基本方法。

5.8 习题

1. 概念题

1）函数的作用是什么？

2）Python 中，向函数传递参数有哪几种方法？

3）简述变量的作用域。

4）了解什么是递归函数。

5）了解模块化程序设计和自顶向下方法。

2. 编程题

1）现有 4 门课的成绩字典如下所示。统计每个人的平均成绩，并根据平均成绩进行排序。要求按姓名检索平均成绩和排名。

```
grade1={'刘达': 89, '王尔': 95, '李珊': 67, '陈思': 75}
grade2={'刘达': 75, '王尔': 79, '李珊': 79}
grade3={ '李珊': 87, '陈思': 91,'张悟':75}
grade4={'刘达': 89, '王尔': 86, '张悟': 99}
```

2）编写一个函数，要求打印如下所示的 m 行 n 列的平行四边形。

```
      *****
     *****
    *****
   *****
```

3）小猴在一天摘了若干桃，当天吃掉一半多一个，第二天接着吃掉剩下的一半多一个，以后每天都吃掉尚存桃子的一半多一个，第 7 天早上只剩 1 个，问小猴摘了多少个桃？

4）请为万年历程序进行自顶向下设计，画出模块图，并实现之。万年历程序的功能是：用户输入某年、某月、某日，程序输出这一天是星期几；用户输入某年、某月，程序输出该年该月的每一天是星期几；用户输入某年，程序输出该年每一月的每一天是星期几。该程序的求解方案是：为给定的年、月、日计算它距离 1900 年 1 月 1 日（星期一）的天数，从而得出是星期几（注意要考虑间隔年为闰年的情况）。

第6章 类

现实世界中，常常能看到各种类和实例。例如，“人”这个类下每个具体的人的实例，他们有共同的特征（身高、体重）和行为（吃、喝、睡、听、说、写）。既然程序是解决现实问题的计算机代码，那么，能不能把数据和操作数据的代码分门别类地放置起来呢？受到现实世界的启发，面向对象编程发展了起来，目前已成为最主流的编程架构。

本章将学习 Python 的面向对象编程，包括类、实例、继承这些基本概念，以及类的合成、消息传递等常用的编程方法。还将比较结构化程序和面向对象程序的异同点，给出面向对象编程的建议。

6.1 案例：在程序的世界里看见自己——现实世界中真实的我们

在本章案例中，将存储人、学生、教师、班主任的数据，并编写他们之间的行为和交互，主要包括以下内容。

1）生成人这个类，存储人的姓名、性别、身高和体重等个人属性信息，编写让一个人的实例做自我介绍的方法（6.3.1、6.3.2）。

2）记录所创建的人的实例的个数（6.3.3）。

3）生成学生类，它将继承人的属性，新增学生的所在学院、专业等信息，并为学生类重写自我介绍方法（6.4）。

4）创建一个存储健康状况的实例，作为人的属性，一个人可以由它来计算自己的 BMI 指数，检测自己的胖瘦程度（6.5）。

5）实现一个消息传递：教师请一个学生做自我介绍（6.6）。

6）最后，在编程实践中，将所有的类整合起来；为教师增加一个与学生的消息传递：给学生建议；创建一个大学班主任类，它可以存储其所带班级的学生，并请每个学生做自我介绍（6.8）。

6.2 面向对象程序设计简介

“对象”和“对象的属性”的概念最早可追溯到 20 世纪 50 年代初，它们首先出现于人工智能相关的早期著作中。1967 年，出现了首个面向对象语言 Simula67，之后经过几十年的发展，面向对象思想迅速地渗透编程语言中，如 C++、Java、Python。

面向对象编程（Object Oriented Programming，OOP）是一种重要的程序设计思想，其对现实世界中的事物所包含的属性和行为进行概念化建模以反映其特征，并通过编程“虚拟”地将它们实现在计算机系统中。需要说明，任何模型都不可能完全反映对象的一切具体特征，只能对认为重要的事物特征和变化规律进行抽象，用以描述客观事物并解决实际问题。

第 5 章所讲的面向过程的程序设计思想把计算机程序视为一系列的命令集合，即一组函数的执行。而本章的面向对象的程序设计思想则把计算机程序视为一组对象的集合，每个对象都可以接收和处理其他对象发过来的消息，程序的执行看作一系列消息在各个对象之间的传递。

面向对象通过类的划分，将问题域中的对象直接映射到程序中，使得组织和编写复杂的程序变得简单和容易。

6.3　类和实例

简言之，类是归属它的对象的模板，而对象是类的一个实例。

6.3.1　类、属性和方法

简单地说，一个类（class）是同一类对象（object）的模板，即属于该类的对象的设计方案的固定格式，包括该类中的所有对象的属性和方法。属性描述了对象某一方面的特征或状态。方法指对象的行为或操作。

方法可以划分为两类：一类是对象自身承受的操作，即操作读取或修改对象自身原有的属性值，姑且称为“自动”方法（即，使自己动）；另一类是施加于其他对象的操作，通过消息传递机制，读取或修改了其他对象的属性值，这可称为“使动”方法（即，使别人动）。

例如，“人”这个类定义所有具体的人的模板，它定义了所有具体的人都具备的属性和方法。如每个人都有身高、体重等自然或社会的属性，都有吃、喝、睡、听、说、写等与生俱来或后天培养的方法。例如，“吃”是一个“自动”的方法，一个人在吃东西后，自身的状态由饿变为饱。而“说”是一个“使动”方法，一个人对另一个人说话，后者收到了前者的信息，头脑的状态发生了改变。本章大部分举例都是“自动”方法，在 6.3 的消息传递中将介绍“使动”方法。

类可定义多个属性和方法。类定义的一般形式如下：

```
class 类名(object):
    def  __init__(self, 其他参数):
        self.属性名 1 = 属性值 1
        self.属性名 2 = 属性值 2
        …
```

```
        self.属性名 m = 属性值 m

    def  自定义方法名 1(self, 其他参数):
        语句序列
    def  自定义方法名 2(self, 其他参数):
        语句序列
    …
    def  自定义方法名 n(self, 其他参数):
        语句序列
```

【例 6-1】 定义“人”的类 Person，表示一个人的属性：姓名、性别、身高、体重；表示他（她）的一个行为：自我介绍姓名和性别。

```
1   class Person(object):
2       """对人的一个简单表示"""
3
4       def __init__(self, name, gender, height, weight):
5           """构造器方法，设置属性的初始值"""
6           self.name = name   # 姓名
7           self.gender = gender   # 性别
8           self.height = height   # 身高（米）
9           self.weight = weight   # 体重（千克）
10
11      def introduce_oneself(self):
12          """自我介绍方法，格式化输出自我介绍"""
13          print("我的名字叫{}，我是一位{}士。".format(self.name, self.gender))
```

此处为人定义了 Person 类，其父类为基础类 object，object 类是所有类最终都会继承的类。__init__方法是固定的构造器方法，它出现在任何类的定义中，用于初始化各个属性值（第 4～9 行）；introduce_oneself 方法是 Person 类中自定义的一个方法，打印一个人的自我介绍信息（第 11～13 行）。

📖 self 参数：self 的意思是“自己”，是 Python 的一个特殊的关键字。例如，self.name 表示 name 是 Person 的一个实例自己的属性。在方法中引用实例的属性，以 self.开头。__init__方法和 introduce_oneself 方法的 self 参数是必不可少的。

6.3.2 创建和使用实例

根据类创建一个具体的对象，在面向对象编程里，对象又称作实例（instance），即该类的一个实际例子。本章之后的内容，都使用实例这个称谓。

创建一个实例的一般形式如下：

```
实例变量 = 类名(参数)
```

使用实例属性的一般形式如下：

```
实例变量.属性名
```

使用（调用）实例方法的一般形式如下：

```
实例变量.方法名(参数)
```

【例 6-2】 创建一个人的实例，名字叫作“王月”，男，身高 1.62 米，体重 70 千克；让他做一个自我介绍。再创建一个人的实例，名字叫作“刘佳”，男，身高 1.75 米，体重 60 千克，同样让他做一个自我介绍。

```
14    # 在例 6-1 代码后加入以下行
15    yue = Person('王月', '男', 1.62, 70)
16    yue.introduce_oneself()
17    jia = Person('刘佳', '男', 1.75, 60)
18    jia.introduce_oneself()
```

接例 6-1，第 15 行创建了“王月”这个人的实例，调用__init__方法，将他的姓名、年龄、身高、体重的数值分别赋给他的各个属性（见例 6-1 的第 4～9 行）。第 16 行调用了他的自我介绍方法 introduce_oneself。同样地，第 17 行创建了“刘佳”这个人的实例，第 18 行调用了这个实例的 introduce_oneself 方法进行自我介绍。

🕮 注意：使用实例的代码与定义类的首行代码在同一缩进级别。

例 6-2 的输出如图 6-1 所示。

```
我的名字叫王月，我是一位男士。
我的名字叫刘佳，我是一位男士。
```

图 6-1　例 6-2 的输出结果

🕮 数据封装（data field encapsulation）：以 yue 为例，这里调用了他的 introduce_oneself 方法，而不直接使用 yue 的属性：print("我的名字叫{}，我是一位{}士。".format(yue.name, yue.gender))，尽管后者也能实现这个功能。但是，定义和使用 introduce_oneself 方法的好处是：如果未来想修改自我介绍，只需要修改该方法（例 6-1 第 11～13 行），而不需要修改每一处实现该功能的代码。定义和使用方法来读取或修改实例的属性是面向对象编程一个基本原则，这称为数据封装。

实例属性（instance attribute）：严格来说，属性 name、gender、height 和 weight 被称为实例属性。实例属性存储一个实例的属性值。

实例方法（method attribute）：严格来说，introduce_oneself 方法是一个实例方法，yue 和 jia 两个实

例调用了该方法读取自己的属性值。

图 6-2 展示了例 6-2 中创建实例的计算机原理。实例 yue 和 jia 分别对应计算机内存中的两块存储空间。在创建实例时，通过运行_init_方法的代码，给属性赋初值。之后通过运行 introduce_oneself 方法的代码读取属性的值。

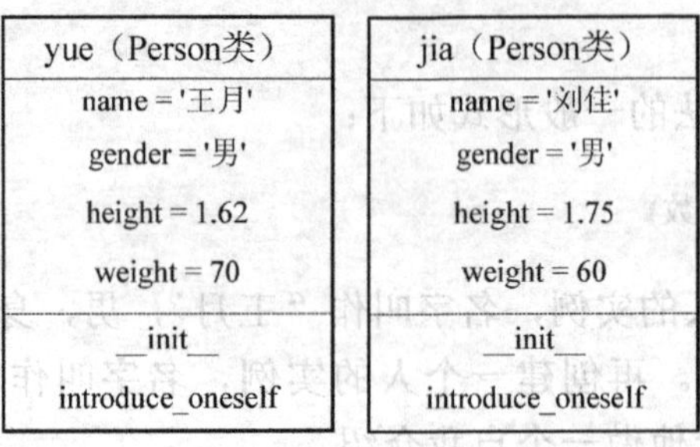

图 6-2 例 6-2 中 Person 实例的示意图

6.3.3 类属性和类方法

类属性（class attribute）与实例属性的区别是：类属性独立于任何实例，是类的一个通用变量，一般可放置类的全局信息。定义类属性的一般形式如下：

```
class 类名():
    类属性
```

类方法（class method）可以直接使用类引用，不需要实例化就可以使用的方法。定义类方法的一般形式如下：

```
class 类名():
    @classmethod
    def  自定义类方法名(cls, 其他参数):
        语句序列
```

【例 6-3】 在 Person 类中，增加一个类属性，用于记录所创建的人的实例的个数，再增加一个类方法，用于返回该人数。

```
class Person(object):
    """对人的一个简单表示"""
    num_of_persons = 0  # 类属性：记录人的实例个数

    def __init__(self, name, gender, height, weight):
        """构造器方法，设置属性的初始值"""
        self.name = name   # 姓名
```

```
8           self.gender = gender    # 性别
9           self.height = height    # 身高（米）
10          self.weight = weight    # 体重（千克）
11          Person.num_of_persons += 1    # 增加人的实例个数
12
13      def introduce_oneself(self):
14          """自我介绍方法，格式化输出自我介绍"""
15          print("我的名字叫{}，我是一位{}士。".format(self.name, self.gender))
16
17      @classmethod
18      def get_num_of_persons(cls):
19          """返回所创建的实例个数"""
20          return cls.num_of_persons
21
22  yue = Person('王月', '男', 1.62, 70)
23  jia = Person('刘佳', '男', 1.75, 60)
24  print("目前 Person 类已创建{}个实例".format(Person.get_num_of_persons()))
```

在 Person 类中加入了类属性 num_of_persons 以记录实例个数（第 3 行），每当调用构造器创建实例时，该属性值增 1（第 11 行）。在 Person 类中增加类方法 get_num_of_persons，返回已创建 Person 实例的个数（第 17～20 行），其中，第 17 行为类方法的修饰符。第 22～24 行创建了王月和刘佳两个实例，并打印实例的个数。

📖 注意：类方法第一个参数必须是 cls（class 的缩写）。在方法中引用的类属性，以 cls.开头。

例 6-3 的输出如图 6-3 所示。

```
目前Person类已创建2个实例
```

图 6-3　例 6-3 的输出结果

6.3.4　Python 自带的类

Python 从设计之初就是一个面向对象的编程语言，这不仅因为它给用户提供了面向对象的语法支持，还表现在它的许多数据类型本身就是用面向对象来组织的。

例如，字符串变量的 title()方法，将字符串里的所有单词以大写开始。列表变量的 append 方法，将一个新元素追加到该列表的末尾。字典变量的 keys 方法和 values 方法，分别返回该字典的所有键和所有值。

6.4 继承

面向对象编程允许从已有的类中得到新的类，这称为继承（inheritance）。例如，要定义学生和教师的类，他们都有共同的属性：姓名、性别、身高、体重，即都有人这个类的共性。这时，将学生和教师定义为人的子类，使其自动继承人的属性，可以避免信息的冗余。一般地，子类是其父类的具体化，而父类是其子类的一般化。

6.4.1 子类和超类

在自定义一个类时，可以从某个已有的类继承其属性和方法，这个新定义的类称为子类（subclass），而被继承的类称为基类、父类或超类（superclass）。

【例 6-4】 为大学生定义一个 Student 类，它是 Person 类的子类，新增学号、学院和专业的属性；增加一个类属性，用于记录所创建的大学生的实例的个数，相应地增加一个类方法，返回该人数。重新生成“王月”和“刘佳”两个实例（见例 6-2），其中刘佳是信息学院信息管理专业的学生。

```

# 以下重写例 6-3 的第 22 行后的代码
class Student(Person):
    """对大学生的一个简单表示"""
    num_of_students = 0  # 类属性：记录学生实例个数

    def __init__(self, name, gender, height, weight, stu_id, school, major):
        Person.__init__(self, name, gender, height, weight)
        self.stu_id = stu_id  # 学号
        self.school = school  # 学院
        self.major = major  # 专业
        Student.num_of_students += 1  # 增加学生实例个数

    @classmethod
    def get_num_of_students(cls):
        """输出 Student 类的实例个数"""
        return cls.num_of_students

yue = Person('王月', '男', 1.62, 70)
jia=Student('刘佳', '男', 1.75, 60, '2013312000', '信息', '信息管理')
print("目前 Person 类已创建{}个实例".format(Person.get_num_of_persons()))
print("目前 Student 类已创建{}个实例".format(Student.get_num_of_students()))
```

这部分定义了 Student 子类，继承父类 Person 类。在该类中定义了类属性 num_of_students 以记录学生实例个数（第 25 行），并在__init__方法里更新这个属性值。注意在子类的构造器方法中，需首先调用父类的构造器（第 28 行），然后，再给子类新增的属性赋值（第 29～32 行）。此外，定义了 get_num_of_students 类方法返回 Student 类的实例个数（第 35～37 行）。第 39～42 行创建了王月的 Person 实例和刘佳的 Student 实例，并打印出 Person 和 Student 类的实例个数。

```
目前Person类已创建2个实例
目前Student类已创建1个实例
```

图 6-4　例 6-4 的输出结果

📖 小练习：仿照例 6-4，为大学教师定义一个 Teacher 类，它是 Person 类的子类，新增工号（job_id）、所属学院（school）和系的属性（department）。同样地，增加一个类属性，用于记录所创建的教师的实例的个数，相应地增加一个类方法，返回该类实例个数。创建一个教师的实例 yue。

子类的实例创建的计算机原理是，当生成一个子类的实例时，首先套用其父类的模板，继承它的属性和方法，然后再新增子类自己的新的属性和方法。若一个子类的上面有多个父类，这个过程从最上层的父类开始，这称作构造器链（constructor chaining）。object 类是所有类的父类。图 6-5 是例 6-4 中创建 Student 实例的示意图。

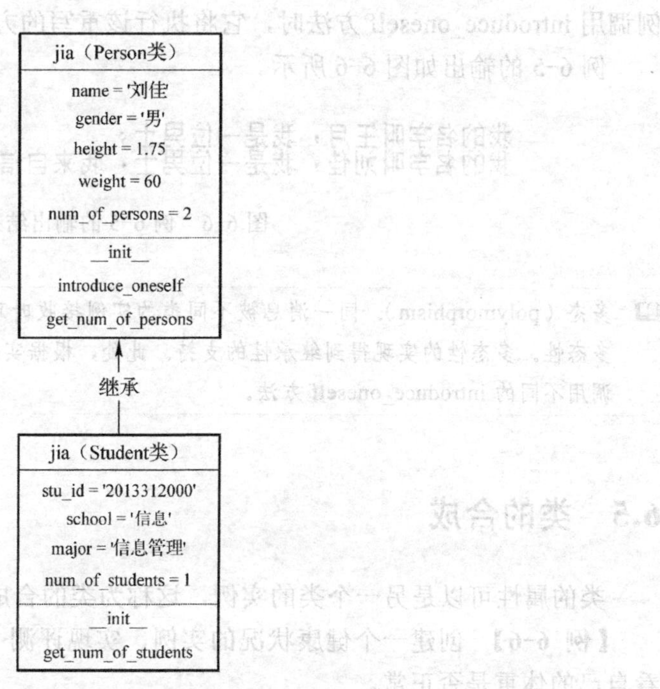

图 6-5　例 6-4 中 Student 实例的示意图

6.4.2 重写

在面向对象编程中，子类可继承父类中的方法，而不需要重新编写相同的方法。但有时子类并不想原封不动地继承父类的方法，而是想做一定的修改，这就需要重写（override）。方法重写又称为方法覆盖。

【例 6-5】 重写 Student 类中用于自我介绍的方法，添加所在学院和专业。

```
38
39    # 以下重写例 6-4 中第 38 行后的代码
40    def introduce_oneself(self):
41    """重写 Student 类的自我介绍方法"""
42        print("我的名字叫{}，我是一位{}士，我来自{}学院{}专业。".format(self.name, self.gender,
43              self.school, self.major))
44
45    yue = Person('王月', '男', 1.62, 70)
46    jia=Student('刘佳', '男', 1.75, 70, '2013312000', '信息', '信息管理')
47    yue.introduce_oneself()
48    jia.introduce_oneself()
```

在 Student 类重写了 Person 类的自我介绍方法（第 40～43 行）。当 jia 这个学生实例调用 introduce_oneself 方法时，它将执行该重写的方法。

例 6-5 的输出如图 6-6 所示。

```
我的名字叫王月，我是一位男士。
我的名字叫刘佳，我是一位男士，我来自信息学院信息管理专业。
```

图 6-6　例 6-5 的输出结果

📖 多态（polymorphism）：同一消息被不同类的实例接收时可产生完全不同的行动，这种现象称为多态性。多态性的实现得到继承性的支持。此处，根据实例所属是 Person 类还是 Student 类，将调用不同的 introduce_oneself 方法。

6.5　类的合成

类的属性可以是另一个类的实例，这称为类的合成（composition）。

【例 6-6】 创建一个健康状况的实例，实现评测 BMI 的方法，人可以通过它来查看自己的体重是否正常。

```
class Health():
    """健康状况"""

    def __init__(self, height, weight):
        """构造器方法，设置属性的初始值"""
        self.height = height   # 身高（米）
        self.weight = weight   # 体重（公斤）

    def get_bmi(self):
        """计算 BMI 返回体质结果"""
        bmi = self.weight / (self.height ** 2)
        if bmi < 18.5:
            result = [bmi, "过轻"]
        elif bmi < 24:
            result = [bmi, "正常"]
        elif bmi < 27:
            result = [bmi, "过重"]
        elif bmi < 32:
            result = [bmi, "肥胖"]
        else:
            result = [bmi, "非常肥胖"]
        return result

    def show_bmi(self):
        """输出 BMI 状况"""
        bmi = self.get_bmi()
        print("BMI 是{}，显示{}。".format(round(bmi[0],1), bmi[1]))

class Person(object):
    """对人的一个简单表示"""
    num_of_persons = 0  # 类属性：记录实例个数

    def __init__(self, name, gender, height, weight):
        """构造器方法，设置属性的初始值"""
        self.name = name  # 姓名
        self.gender = gender  # 性别
        self.health = Health(height, weight)   # 健康状况
        Person.num_of_persons += 1   # 计算 Person 实例个数
```

```
39
40          def introduce_oneself(self):
41              """自我介绍方法，格式化输出自我介绍"""
42              print("我的名字叫{}，我是一位{}士。".format(self.name, self.gender))
43
44          @classmethod
45          def get_num_of_persons(cls):
46              """返回所创建的 Person 实例个数"""
47              return cls.num_of_persons
48
49
50      yue = Person('王月', '男', 1.62, 70)
51      jia = Person('刘佳', '男', 1.75, 60)
52      print(yue.name + '：')
53      yue.health.show_bmi()
54      print(jia.name + '：')
55      jia.health.show_bmi()
```

在 Person 类之前，定义了 Health 类，它的 get_bmi 方法是先计算 BMI 指数，然后返回 BMI 值和胖瘦程度（第 9～22 行）；又定义了 show_bmi 方法，它内部调用了 get_bmi 方法，用于格式化地输出 BMI 情况（第 24～27 行）。在 Person 类中，新定义 health 属性，它是 Health 类的实例（第 37 行）。最后，分别显示 yue 和 jia 的 BMI 状况（第 53 和 55 行）。

例 6-6 的输出如图 6-7 所示。

```
王月：
BMI是26.7，显示过重。
刘佳：
BMI是19.6，显示正常。
```

图 6-7　例 6-6 的输出结果

📖 小练习：在健康评测器下增加评测血压的方法。

6.6　消息传递

消息传递是使得对象之间具有交互能力的重要模型。消息传递原来是一种与通信有关的概念。对象被看成通过消息传递的方式互相联系的通信实体。实际上，两个通信的对象可以都在本机里，不一定处在网络中的两地。面向对象编程中，消息传递常通过一个对象调用另一个对象的方法来实现。

【例 6-7】 在 Teacher 类中，增加一个新方法，作用是教师请一个学生做自我介绍。

```
44
45  # 以下重写例 6-5 的第 44 行后的代码
46  class Teacher(Person):
47      """对大学教师的一个简单表示"""
48      num_of_teachers = 0   # 类属性：记录 Teacher 实例个数
49
50      def __init__(self, name, gender, height, weight, job_id, school, department):
51          Person.__init__(self, name, gender, height, weight)
52          self.job_id = job_id   # 工号
53          self.school = school   # 学院
54          self.department = department   # 部门
55          Teacher.num_of_teachers += 1   # 计算实例个数
56
57      @classmethod
58      def get_num_of_teachers(cls):
59          """输出 Teacher 类的实例个数"""
60          return cls.num_of_teachers
61
62      def ask_introduce(self, student):
63          """教师请学生做自我介绍"""
64          student.introduce_oneself()
65
66  yue = Teacher('王月', '男', 1.62, 70, '2014312200', '信息', '信息管理')
67  jia = Student('刘佳', '男', 1.75, 70, '2018312200', '信息', '信息管理')
68  yue.ask_introduce(jia)
```

在 Teacher 教师类中加入 ask_introduce 方法（第 62～64 行），该方法以一个 Student 类的实例为参数，调用它的 introduce_oneself 方法来实现教师请该学生做自我介绍。

例 6-7 的输出如图 6-8 所示。

```
我的名字叫刘佳，我是一位男士，我来自信息学院信息管理专业。
```

图 6-8　例 6-7 的输出结果

📖 Teacher 类的 ask_introduce 方法是一个“使动”方法，它调用了 Student 类的 introduce_oneself 方法。

6.7 从结构化程序到面向对象程序

面向对象编程将数据和操作分门别类地组织起来，它是结构化编程以来对编程范型又一次重大的改革。结构化程序设计又称为面向过程的程序设计，问题被看作一系列需要完成的任务，用各个函数来加以完成，编程的焦点在于定义函数。而在面向对象编程中，类是程序的基本元素，类将相关的数据和操作紧密地连结在一起，这种编程范型便于将现实世界映射到计算机中。

尽管两者有根本性的不同，但它们之间也有紧密的联系，可以很方便地将一个结构化程序转换为面向对象程序。

1）类的方法仍采用结构化编程的 3 种基本控制流程。

2）上层的方法调用下层的方法，这本质上也是一种模块化的程序设计。

3）面向对象中的消息传递其实就是一个类的实例 A 在它的方法里调用另一个类的实例 B 的方法，消息其实就是方法所携带的参数。本质上，消息传递与函数之间调用的计算机原理相同。

4）结构化程序可以容易地转换为面向对象的程序。例如，考虑模块化的万年历程序（显示给定的一个年、月的星期日历），将其转换为面向对象程序。可为万年历定义 Calendar 类，将原先的各个函数（如 input_month 函数：输入要查看的年、月；print_month 函数：打印给定年、月的日历；get_weekday 函数：取得给定的年月日是星期几；is_leapyear 函数：判断给定年是否是闰年）转换为 Calendar 类的各个方法，而且它们之间的调用层次保持不变。

5）在面向对象编程中，当拿到一个新的编程问题时，第一步，应该确定其中的类有哪些；第二步，搞清各个类的实例之间有哪些交互；第三步，定义类内部的属性和行为。理清思路后再开始编写代码。

6.8 编程实践

【例 6-8】①为 Teacher 类和 Student 类增加一项消息传递：教师给学生建议，学生反馈收到，并保存教师的建议。②给大学班主任创建 ClassAdvisor 类，它是 Teacher 类的子类，增加一个新属性保存班主任所带的班级学生；再增加一个新方法，让班主任请每个学生做自我介绍。③将本章所有的类整合到一个程序中。

```
class Health():
    """健康状况"""

    def __init__(self, height, weight):
        """构造器方法，设置属性的初始值"""
        self.height = height   # 身高（米）
```

```
        self.weight = weight   # 体重（千克）

    def get_bmi(self):
        """计算 BMI 返回体质结果"""
        bmi = self.weight / (self.height ** 2)
        if bmi < 18.5:
            result = [bmi, "过轻"]
        elif bmi < 24:
            result = [bmi, "正常"]
        elif bmi < 27:
            result = [bmi, "过重"]
        elif bmi < 32:
            result = [bmi, "肥胖"]
        else:
            result = [bmi, "非常肥胖"]
        return result

    def show_bmi(self):
        """输出 BMI 状况"""
        bmi = self.get_bmi()
    print("BMI 是{}，显示{}。".format(round(bmi[0],1), bmi[1]))

class Person(object):
    """对人的一个简单表示"""
    num_of_persons = 0   # 类属性：记录实例个数

    def __init__(self, name, gender, height, weight):
        """构造器方法，设置属性的初始值"""
        self.name = name   # 姓名
        self.gender = gender   # 性别
        self.health = Health(height, weight)   # 健康状况
        Person.num_of_persons += 1   # 计算 Person 实例个数

    def introduce_oneself(self):
        """自我介绍方法，格式化输出自我介绍"""
        print("我的名字叫{}，我是一位{}士。".format(self.name, self.gender))

    @classmethod
```

```
    def get_num_of_persons(cls):
        """返回所创建的 Person 实例个数"""
        return cls.num_of_persons

class Student(Person):
    """对大学生的一个简单表示"""
    num_of_students = 0  # 类属性：记录学生实例个数

    def __init__(self, name, gender, height, weight, stu_id, school, major):
        Person.__init__(self, name, gender, height, weight)
        self.stu_id = stu_id  # 学号
        self.school = school  # 学院
        self.major = major  # 专业
        self.advice_list = []
    Student.num_of_students += 1  # 增加学生实例个数

    @classmethod
    def get_num_of_students(cls):
        """返回 Student 类的实例个数"""
        return cls.num_of_students

    def introduce_oneself(self):
        """重写 Student 类的自我介绍方法"""
            print("我的名字叫{}，我是一位{}士，我来自{}学院{}专业。".format(self.name,
              self.gender, self.school, self.major))

    def receive_advice(self, teacher_name, advice):
          print('学生{}收到{}老师的建议：{}。'.format(self.name, teacher_name, advice))
        self.advice_list.append(advice)


class Teacher(Person):
    """对大学教师的一个简单表示"""
    num_of_teachers = 0  # 类属性：记录 Teacher 实例个数

    def __init__(self, name, gender, height, weight, job_id, school, department):
```

```
        Person.__init__(self, name, gender, height, weight)
        self.job_id = job_id  # 工号
        self.school = school  # 学院
        self.department = department  # 部门
        Teacher.num_of_teachers += 1  # 记录 Teacher 实例个数

    @classmethod
    def get_num_of_teachers(cls):
        """输出 Teacher 类的实例个数"""
        print("目前 Teacher 类已创建{}个实例".format(cls.num_of_teachers))

    def ask_introduce(self, student):
        """教师请学生做自我介绍"""
        student.introduce_oneself()

    def advice_to_student(self, advice, student):
        """教师给一个学生建议"""
        student.receive_advice(self.name, advice)


class ClassAdvisor(Teacher):
    """对大学班主任的一个简单表示"""

    def __init__(self, name, gender, height, weight, job_id, school, department, lead_class, students):
        Teacher.__init__(self, name, gender, height, weight, job_id, school, department)
        self.lead_class = lead_class  # 所带班级
        self.students = students  # 学生列表

    def ask_class_introduce(self):
        """请班级的每个同学自我介绍"""
        for i in range(len(self.students)):
            self.ask_introduce(self.students[i])


def read_students(student_list):
    """得到学生实例列表"""
```

```
    students = []
    for i in range(len(student_list)):
        s = student_list[i]
        students.append(Student(s['name'], s['gender'], s['height'], s['weight'], s['stu_id'],
                                s['school'], s['major']))
    return students


student_list = [{'name': '赵甲', 'gender': '男', 'height': 1.65, 'weight': 60,
                 'stu_id': '2018312201', 'school': '信息', 'major': '信息管理'},
                {'name': '钱乙', 'gender': '女', 'height': 1.75, 'weight': 70,
                 'stu_id': '2018312202', 'school': '金融', 'major': '金融学'},
                {'name': '孙丙', 'gender': '男', 'height': 1.85, 'weight': 80,
                 'stu_id': '2018312203', 'school': '金融', 'major': '金融工程'},
                {'name': '李丁', 'gender': '女', 'height': 1.95, 'weight': 90,
                 'stu_id': '2018312204', 'school': '会计', 'major': '财务会计'},
                {'name': '周戊', 'gender': '男', 'height': 1.65, 'weight': 60,
                 'stu_id': '2018312205', 'school': '财政', 'major': '财政学'},
                {'name': '吴己', 'gender': '女', 'height': 1.75, 'weight': 70,
                 'stu_id': '2018312206', 'school': '税务', 'major': '税收学'},
                {'name': '郑庚', 'gender': '男', 'height': 1.85, 'weight': 80,
                 'stu_id': '2018312207', 'school': '保险', 'major': '保险学'},
                {'name': '王辛', 'gender': '女', 'height': 1.65, 'weight': 60,
                 'stu_id': '2018312208', 'school': '统数', 'major': '统计学'},
                {'name': '冯壬', 'gender': '男', 'height': 1.75, 'weight': 70,
                 'stu_id': '2018312209', 'school': '经济', 'major': '经济学'},
                {'name': '陈癸', 'gender': '女', 'height': 1.85, 'weight': 80,
                 'stu_id': '2018312210', 'school': '文传', 'major': '视觉传达'}]
students = read_students(student_list)
yue = ClassAdvisor('王月', '男', 1.62, 70, '2014312200', '信息', '信息管理', '信管 18', students)
print('（1）给学生建议：')
yue.advice_to_student('认真学习', students[0])
yue.advice_to_student('要读文献', students[0])
print('（2）班级介绍：')
yue.ask_class_introduce()
```

该程序整合了 Health 类、Person 类、Student 类、Teacher 类、ClassAdvisor 类。

在 Student 类增加了 advice_list 的新属性（第 58 行），并增加了 receive_advice 的实例方法，将教师的建议保存到 advice_list 中（第 71～73 行）。

在 Teacher 类中增加了 advice_to_student 新方法（第 97～99 行），它是一个“使动”方法，通过调用一个 Student 实例的 receive_advice 方法，来实现教师建议的消息传递。

定义 ClassAdvisor 类（第 102～123 行），它继承 Teacher 类；定义了所带班级名称 lead_class 和学生列表 students 的新属性（第 107～108 行）；定义 ask_class_introduce 方法，它调用了其父类的 ask_introduce 方法，实现了请班级的每个学生做自我介绍。

ClassAdvisor 类中通过实例方法 advice_to_student 以 Student 类的实例为参数，将教师的建议保存到该实例的 advice_list 属性中，实现大学教师和学生实例之间的消息传递。

定义了 read_students 函数（第 126～133 行），将字典列表 student_list 中的学生信息读入到实例列表 students 中。之所以将 read_students 定义为函数，而非 ClassAdvisor 类中的方法，是考虑到它是一个通用的功能，可以不依附于类而存在。

第 136～162 行是例 6-8 的测试代码。输出结果如图 6-9 所示。

```
（1）给学生建议：
学生赵甲收到王月老师的建议：认真学习。
学生赵甲收到王月老师的建议：要读文献。
（2）信管18班级介绍：
我的名字叫赵甲，来自信息学院信息管理专业。
我的名字叫钱乙，来自金融学院金融学专业。
我的名字叫孙丙，来自金融学院金融工程专业。
我的名字叫李丁，来自会计学院财务会计专业。
我的名字叫周戊，来自财政学院财政学专业。
我的名字叫吴己，来自税务学院税收学专业。
我的名字叫郑庚，来自保险学院保险学专业。
我的名字叫王辛，来自统数学院统计学专业。
我的名字叫冯壬，来自经济学院经济学专业。
我的名字叫陈癸，来自文传学院视觉传达专业。
```

图 6-9　例 6-8 的输出结果

6.9　本章小结

本章以“在程序的世界里看见自己——自我介绍”案例的实现为主线将知识点全部贯穿，详细介绍了类和面向对象编程的基本概念和方法，以及 Python 的相关语法表达。

类定义了一类实例的模板，包含属性和方法。属性又分为实例属性和类属性，前者存储了类的一个实例的属性值，更常用；而后者存储了与实例无关的属于类本身的属性值。类似地，方法又分为实例方法和类方法。面向对象编程将数据和操作它的方法封装到一个个类中。

继承允许从已有的类（父类）中得到新的类（子类）。子类可以自动地继承父类的属性和方法。此外，子类还可以重写父类的方法，这使得同名方法被不同类调用时所执行的操作可以不同（多态性）。

类的合成允许一个类的属性是另一个类的实例。通过合成，可以将“部分”组织成“整体”。

消息传递是使得对象之间具有交互能力的重要模型。通过一个对象调用另一个对象的方法来实现。

6.10 习题

1．概念题

1）怎样定义一个类？

2）实例属性和类属性有何不同？两者在 Python 中分别如何定义和访问？

3）实例方法和类方法有何不同？两者在 Python 中分别如何定义和调用？

4）简述继承的原理与应用。

5）简述类的合成的原理与应用。

6）简述消息传递的原理与应用。

2．编程题

1）请编写面向对象程序，实现万年历类 Calendar，它可以显示用户输入的年、月的星期日历。

2）请将万年历类 Calendar 的实例作为一个小工具，Person 类的实例可以使用它来查看万年历。

3）在 Student 类中，增加相关属性和方法，用于保存一个学生所修的每门课程和成绩。

4）实现一个班级统计器类 ClassAnalyzer，班主任可以调用该类对象的方法来查看有不及格成绩的学生及其所选课程。

第7章 模 块

现实世界中，信息丰富多彩，对象各有不同，又息息相关。在定义这些对象属性及其行为的过程中，如果简单地把所有的内容放在一起，会造成信息混沌和模糊。以学生和老师为例，尽管二者都具有介绍自己的行为，但他们各自介绍自己的方法存在区别，因此，有必要也必须分别对不同的类型进行管理，而不是将所有的信息混在一起。

本章将学习 Python 中的模块，通过引入模块和包的概念，对程序进行重构，使得信息的组织更加合理，也使得我们实现大型程序和项目成为可能。

7.1 案例：在程序的世界里看见自己——组织好我们的信息

本章案例将从代码逻辑的层面重组我们的信息，主要包括以下内容。

1）提出命名空间（NameSpace）和模块（Module）的概念，并探讨如何建立模块之间的关联。

2）分析并解决在建立模块关联的过程中产生的一些问题。

3）提出包（Package）的概念，探讨模块的再组合，并提出包之间进行关联的方法。

4）重构第 6 章的程序文件，将不同的类和对象按照功能进行划分，存储到不同的文件之中。

5）分析目前常用库如何利用模块和包来组织程序的方法。

7.2 命名空间和模块

现实生活中常常有这样的例子：在学校里，当你在查询一位叫王月的学生时，学生处可能会告诉你同时有多位叫王月的学生，为了能够进一步区分他们，需要给他们一个以班级为空间基础的前缀，如你要找计算机专业 18 级 2 班的王月，才能最终找到你想要找到的那位同学。其中，“计算机专业 18 级 2 班”这个空间基础被称为“命名空间”（NameSpace），也称为“名称空间”或“名字空间”。从理论上说，命名空间就是以逻辑空间进行命名区分的方式。从编程的角度来说，是为了避免由于人类单词量太少而实际程序对象太多产生的重命名问题。

7.2.1 引进模块

在 Python 中，命名空间的基本单位叫作模块。模块在物理上是一个扩展名为.py 的文件，模块的名称就是文件的名称。模块的内部包含变量、函数和类的定义，还包含一些可以直接执行的语句，一般来讲，尽管 Python 在语法上是允许的，但这些定义最好不要重名，否则很容易引起内容覆盖或逻辑错误。在例 7-1 的代码中，在同一个模块中定义了名称为 repeat 的变量和函数，并希望打印变量的值，但由于变量和函数的名称相同，最终导致计算结果出现问题。

【例 7-1】

```
repeat    = 3
def repeat():
    return 2
print(repeat)
```

结果：

```
<function repeat at 0x00000135C7B367B8>
```

在引入模块后，模块间的变量、函数以及类的名称可以重复，通过以模块名作为空间的隔断，可以同时使用这些重复的名称。以例 7-2 代码为例，当在 module1 和 module2 两个模块中各自定义了 repeat 变量，在各自进行打印的时候，均可以产生正确的结果。

【例 7-2】

```
module1.py
    repeat    = 3
    def get_repeat():
        return repeat
    print("repeat in module1 is %s"%get_repeat())
```

结果：

```
repeat in module1 is 3
```

```
module2.py
    repeat    = 2
    def get_repeat():
        return repeat
    print("repeat in module2 is %s"%get_repeat())
```

结果：

```
repeat in module1 is 2
```

当其他模块需要用到 module1 和 module2 两个模块的 repeat 变量时，可以采用 import 关键词导入，import 的具体语法格式如下：

```
import 模块名 [as 别名]
```

在这种语法格式下，需要用“.”号引用模块中的内容，具体的语法格式如下：

```
模块名.变量名|函数名|类名
```

在例 7-3 中，module3 模块需要用到 module1 中的 repeat 变量，那么可以将 module1 模块导入进来，并采用“.”引用该变量。

【例 7-3】

```
module3.py
1 import module1
2 result = module1.repeat * 2
3 print("repeat in module3 is %s" %repeat)
```

结果：

```
repeat in module1 is 3
repeat in module3 is 6
```

某些情况下，由于模块名称过长不容易使用，可以采用别名的方式化繁为简，例如在上例的第 1 行中，可以改为“import module1 as m1”，相应的第 2 行可以改为“result=m1.repeat*2”。

注意这里的结果是两行而不是一行，这是因为在导入 module1 模块的过程中，程序实际上将 module1 模块的全部内容复制到了 module3 中，只是增加了 module1 这样一个命名空间的前缀，其实际效果可以用例 7-4 代码表示。

【例 7-4】

```
module3.py
module1.repeat   = 3
def module1.get_repeat():
      return repeat
print("repeat in module1 is %s"% module1.get_repeat())
repeat = module1.repeat * 2
print("repeat in module3 is %s" %repeat)
```

结果：

```
repeat in module1 is 3
```

```
repeat in module3 is 6
```

明白了这一点，就可以在实际中导入多个模块并同时使用。在例 7-5 程序中，同时导入 module1 和 module2 模块并将二者中的 repeat 相加，然后赋值给 module3 中的 repeat。

【例 7-5】

```
module3.py
import module1 as m1
import module2 as m2
repeat = m1.repeat + m2.repeat
print("repeat in module3 is %s" %repeat)
```

结果：

```
repeat in module1 is 3
repeat in module2 is 2
repeat in module3 is 5
```

很多情况下，并不希望将一个模块的所有内容都导入进来，这样会使得程序负载过重。这种情况下，可以采用单独导入的方法来完成，具体的语法格式如下：

from 模块名 import {变量名|函数名|类名} [as 别名], [{变量名|函数名|类名} [as 别名],...]

在这种语法格式中，只导入需要的变量名、函数名或类名，从而使得导入的内容更加的精准。在这种语法格式下，不再需要模块名即可完成名称的引用。以例 7-3 来说，只需要从 module1 导入 repeat 变量，如例 7-6 代码所示。

【例 7-6】

```
module3.py
1 from module1 import repeat
2 repeat = repeat * 2
3 print("repeat in module3 is %s" %repeat)
```

结果：

```
repeat in module1 is 3
repeat in module3 is 6
```

其中第 2 行中，左边的 repeat 是 module3 模块中的新变量，而右边的 repeat 是 module1 中的变量。这种方法虽然执行结果正确，但容易混淆，在导入多个相同名称的变量时，还可能出现错误，以例 7-5 来说，修改后的结果如例 7-7 代码所示。

【例 7-7】

```
module3.py
```

```
1 from module1 import repeat
2 from module2 import repeat
3 repeat = repeat + repeat
4 print("repeat in module3 is %s" %repeat)
```

结果：

```
repeat in module1 is 3
repeat in module2 is 2
repeat in module3 is 4
```

在程序的第 3 行，最左边的 repeat 为 module3 中的新变量，右边的两个变量希望分别是从 module1 和 module2 导入的 repeat，但实际效果是，从 module2 导入的 repeat 覆盖掉了 module1 导入的 repeat，导致计算结果出现了错误。为了避免这种错误，必须采用别名的方式解决重名的问题。具体代码如例 7-8 所示。

【例 7-8】

```
module3.py
from module1 import repeat as r1
from module2 import repeat as r2
repeat = r1 + r2
print("repeat in module3 is %s" %repeat)
```

结果：

```
repeat in module1 is 3
repeat in module2 is 2
repeat in module3 is 5
```

除此之外，如果能够保证模块间不重名，在需要导入单个模块的内容又很多的情况下，可以采用一次导入全部的方式，其语法格式如下：

```
from 模块名 import *
```

以例 7-3 来说，在同时需要导入 module1 的 repeat 变量和 get_repeat 函数时，可以采用“from module1 import repeat, get_repeat”的方式，也可以采用“from module1 import *”的方式来导入。但后者在导入多个模块时容易出现问题，因此本书不推荐使用。

从例 7-5 和例 7-8 可以看到，无论采用哪种导入语法，都不可避免地会带入原模块的一些执行的语句，这些语句通常用于单元测试，是不可以直接去除的。因此，需要引入模块本身的“__name__”属性来进行判断语句是否可以被执行。“__name__”在不同的模块进行调用时其值是不同的，当由本模块调用时，“__name__”的值为“__main__”，而当由其他模块调用时，“__name__”的值为被调用模块的模块名。

【例 7-9】

```
module1.py
print("__name__ in module1 is %s" %__name__)
```

结果：

```
__name__ in module1 is __main__
```

```
module3.py
import module1
print("__name__ in module3 is %s" %__name__)
```

结果：

```
__name__ in module1 is module1
__name__ in module3 is __main__
```

如例 7-9 所示，当在 module1 中直接运行打印“__name__”时，其值为“__main__”；当在 module3 中导入 module1 模块并打印 module1 的“__name__”时，其值为“module1”，即其模块名称，而 module3 自己的“__name__”值仍然是“__main__”。因此，3 个模块可以修改成如例 7-10 的程序，从而避免测试程序的运行。

【例 7-10】

```
module1.py
repeat  =  3
def get_repeat():
    return repeat
if __name__ == "__main__":
    print("repeat in module1 is %s"%get_repeat())
```

结果：

```
repeat in module1 is 3
```

```
module2.py
repeat  =  2
def get_repeat():
    return repeat
if __name__ == "__main__":
    print("repeat in module2 is %s"%get_repeat())
```

结果：

```
repeat in module2 is 2
```

module3.py

```
from module1 import repeat as r1
from module2 import repeat as r2
repeat = r1 + r2
if __name__ == "__main__":
    print("repeat in module3 is %s" %repeat)
```

结果：

```
repeat in module3 is 5
```

7.2.2 引进包

在例 7-10 中，模块与模块之间相互导入的时候，其物理文件应该在同一目录下才可以导入成功。这在一个项目比较小，且程序文件都放在同一文件夹下时是没有问题的。但是当项目较大，需要在不同文件夹下保存不同类型和不同功能的文件时，就会出现问题。

如图 7-1 所示，例 7-10 的文件组织是平级的。为了进一步理顺功能，将文件进行重新梳理为图 7-2，其中 func1 为一个文件夹，用来存储功能不同的模块。那么就需要引入包（Package）的概念。

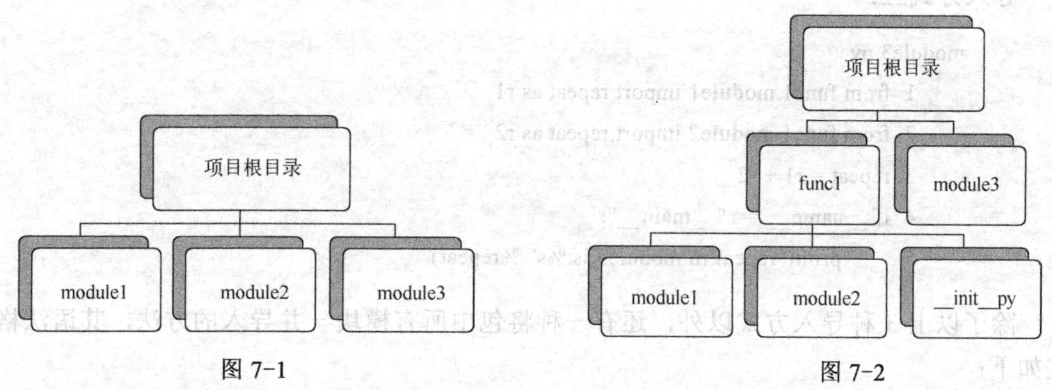

图 7-1　　　　图 7-2

包其实就是模块的上一层结构，是包含多个模块的逻辑体，在操作系统中以文件夹的形式存在。在 Python 中，包也可以认为是一种更高层次的模块。一个包中的各个模块可以直接互相导入，不同包的模块间导入需要增加包名作为前缀的命名空间。具体句法格式如下：

import 包名.模块名 [as 别名]
from 包名 import {模块名 [as 别名],[模块名 [as 别名],...]}
from 包名.模块名 import {变量名|函数名|类名} [as 别名], [{变量名|函数名|类名} [as 别名],...]

如图 7-2 所示，如果 module3 模块需要导入 func1 中的 module1 和 module2 模块，可以采用例 7-11 的方式来完成。

【例 7-11】

导入方式一：

```
module3.py
import func1.module1 as m1
import func1.module2 as m2
repeat = m1.repeat + m2.repeat
if __name__ == "__main__":
    print("repeat in module3 is %s" %repeat)
```

导入方式二：

```
module3.py
from func1 import module1 as m1
from func1 import module2 as m2
repeat = m1.repeat + m2.repeat
if __name__ == "__main__":
    print("repeat in module3 is %s" %repeat)
```

导入方式三：

```
module3.py
from func1.module1 import repeat as r1
from func1.module2 import repeat as r2
repeat = r1 + r2
if __name__ == "__main__":
    print("repeat in module3 is %s" %repeat)
```

除了以上 3 种导入方式以外，还有一种将包中所有模块一并导入的方法，其语法格式如下：

```
from 包名 import *
```

采用这种语法格式，所有当前包中的模块均被导入，直接指定模块名即可引用相应模块的内容。将例 7-11 的第二种导入方式进行改写可得到例 7-12 的代码。但在这种情况下，需要额外在 func1 文件夹中添加一个叫作“__init__.py”的文件，用来指定 func1 中包含的模块的名称。在“__init__.py”文件中，定义一个“__all__”的变量，并将所有包中的模块名形成一个列表赋予该变量，写成“__all__=['module1','module2']”。这种设计的目的，是将包中的模块接口开放，从而保证程序在导入的过程中能够进行模块的有效识别。

【例 7-12】

```
module3.py
from func1 import *
repeat = module1.repeat + module2.repeat
if __name__ == "__main__":
    print("repeat in module3 is %s" %repeat)


__init__.py
__all__=['module1','module2']
```

7.2.3 代码的重构

代码重构是在不改变软件现有功能的前提下，改善它的结构使代码更易为人所理解。代码的重构分为模块内的代码重构和模块间的代码重构。本节重点讨论利用导入功能实现模块间的代码重构。

例 6-8 在同一模块中构建了 Health 类、Person 类、Teacher 类、ClassAdvisor 类和 Student 类，并且包含了对于各个类的测试代码。其中 Person 类、Teacher 类、ClassAdvisor 类和 Student 类属于同一类，而 Health 类属于另一类。因此将代码重新组在不同的包和模块中，如图 7-3 所示。

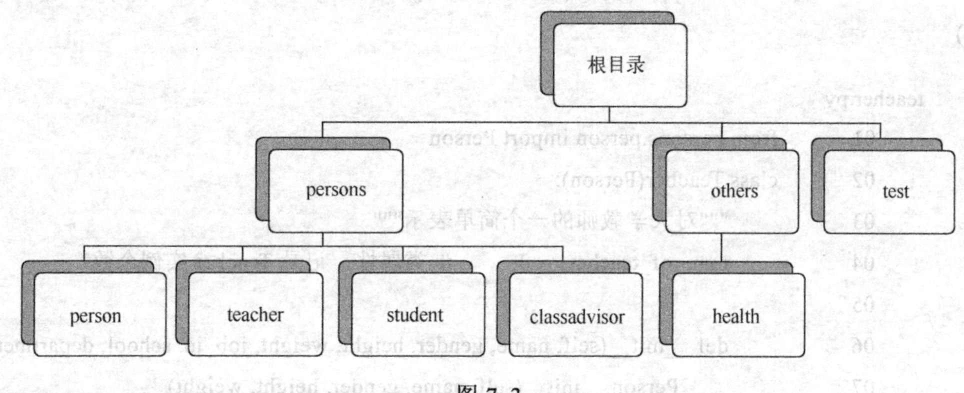

图 7-3

具体代码如例 7-13 所示。

【例 7-13】

```
person.py
from others.health import Health
class Person(object):
    """对人的一个简单表示"""
    num_of_persons = 0        # 类属性：记录实例个数

```

```
    def __init__(self, name, gender, height, weight):
        """构造器方法，设置属性的初始值"""
        self.name = name        # 姓名
        self.gender = gender   # 性别
        self.health = Health(height, weight)    # 健康状况
        Person.num_of_persons += 1              # 计算 Person 实例个数

    def introduce_oneself(self):
        """自我介绍方法，格式化输出自我介绍"""
        print("我的名字叫{}，我是一位{}士。".format(self.name, self.gender))

    @classmethod
    def get_num_of_persons(cls):
        """返回所创建的 Person 实例个数"""
        return cls.num_of_persons

    def test_bmi(self):
        """输出体质状况"""
        bmi = self.health.get_bmi()
        print("你（{}）的 BMI 是{}，显示{}。".format(self.name, round(bmi[0],1), bmi[1]))
```

teacher.py

```
from persons.person import Person
class Teacher(Person):
    """对大学教师的一个简单表示"""
    num_of_teachers = 0        # 类属性：记录 Teacher 实例个数

    def __init__(self, name, gender, height, weight, job_id, school, department):
        Person.__init__(self, name, gender, height, weight)
        self.job_id = job_id    # 工号
        self.school = school    # 学院
        self.department = department      # 部门
        Teacher.num_of_teachers += 1    # 记录 Teacher 实例个数

    @classmethod
    def get_num_of_teachers(cls):
        """输出 Teacher 类的实例个数"""
        print("目前 Teacher 类已创建{}个实例".format(cls.num_of_teachers))
```

```
    def ask_introduce(self, student):
        """教师请学生做自我介绍"""
        student.introduce_oneself()

    def advice_to_student(self, advice, student):
        """教师给一个学生建议"""
        student.receive_advice(self.name, advice)
        student.receive_advice(self.name, advice)
```

student.py

```
from persons.person import Person
class Student(Person):
    """对大学生的一个简单表示"""
    num_of_students = 0        # 类属性：记录学生实例个数

    def __init__(self, name, gender, height, weight, stu_id, school, major):
        Person.__init__(self, name, gender, height, weight)
        self.stu_id = stu_id    # 学号
        self.school = school    # 学院
        self.major = major      # 专业
        self.advice_list = []
        Student.num_of_students += 1    # 增加学生实例个数

    @classmethod
    def get_num_of_students(cls):
        """返回 Student 类的实例个数"""
        return cls.num_of_students

    def introduce_oneself(self):
        """重写 Student 类的自我介绍方法"""
        print("我的名字叫{}，来自{}学院{}专业。".format(self.name, self.school, self.major))

    def receive_advice(self, teacher_name, advice):
        self.advice_list.append(advice)
        print('学生{}收到{}老师的建议：{}。'.format(self.name, teacher_name, advice))
```

classadvisor.py

```
from persons.teacher import Teacher
class ClassAdvisor(Teacher):
    """对大学班主任的一个简单表示"""

    def __init__(self, name, gender, height, weight, job_id, school, department, lead_class, students):
        Teacher.__init__(self, name, gender, height, weight, job_id, school, department)
        self.lead_class = lead_class  # 所带班级
        self.students = students  # 学生列表

    def ask_class_introduce(self):
        """请班级的每个同学自我介绍"""
        for i in range(len(self.students)):
            self.ask_introduce(self.students[i])


def read_students(student_list):
    """得到学生实例列表"""
    students = []
    for i in range(len(student_list)):
        s = student_list[i]
        students.append(Student(s['name'], s['gender'], s['height'], s['weight'], s['stu_id'],
                                s['school'], s['major']))
    return studentss
```

health.py

```
class Health():
    """健康测评器"""

    def __init__(self, height, weight):
        """构造器方法，设置属性的初始值"""
        self.height = height  # 身高（米）
        self.weight = weight  # 体重（千克）

    def get_bmi(self):
        """计算 BMI 返回体质结果"""
        bmi = self.weight / (self.height ** 2)
        if bmi < 18.5:
            result = [bmi, "过轻"]
```

```
        elif bmi < 24:
            result = [bmi, "正常"]
        elif bmi < 27:
            result = [bmi, "过重"]
        elif bmi < 32:
            result = [bmi, "肥胖"]
        else:
            result = [bmi, "非常肥胖"]
        return result
```

test.py

```
from persons.classadvisor import ClassAdvisor
from persons.student import Student

def read_students(student_list):
    """得到学生实例列表"""
    students = []
    for i in range(len(student_list)):
        s = student_list[i]
        students.append(Student(s['name'], s['gender'], s['height'], s['weight'], s['stu_id'],
                                s['school'], s['major']))
    return students

student_list = [{'name': '赵甲', 'gender': '男', 'height': 1.65, 'weight': 60, 'stu_id': '2018312201', 'school': '信息', 'major': '信息管理'},
                {'name': '钱乙', 'gender': '女', 'height': 1.75, 'weight': 70, 'stu_id': '2018312202', 'school': '金融', 'major': '金融学'},
                {'name': '孙丙', 'gender': '男', 'height': 1.85, 'weight': 80, 'stu_id': '2018312203', 'school': '金融', 'major': '金融工程'},
                {'name': '李丁', 'gender': '女', 'height': 1.95, 'weight': 90, 'stu_id': '2018312204', 'school': '会计', 'major': '财务会计'},
                {'name': '周戊', 'gender': '男', 'height': 1.65, 'weight': 60, 'stu_id': '2018312205', 'school': '财政', 'major': '财政学'},
                {'name': '吴己', 'gender': '女', 'height': 1.75, 'weight': 70, 'stu_id': '2018312206', 'school': '税务', 'major': '税收学'},
                {'name': '郑庚', 'gender': '男', 'height': 1.85, 'weight': 80, 'stu_id': '2018312207', 'school': '保险', 'major': '保险学'},
```

```
                {'name': '王辛', 'gender': '女', 'height': 1.65, 'weight': 60, 'stu_id': '2018312208', 'school': '统数', 'major': '统计学'},
                {'name': '冯壬', 'gender': '男', 'height': 1.75, 'weight': 70, 'stu_id': '2018312209', 'school': '经济', 'major': '经济学'},
                {'name': '陈癸', 'gender': '女', 'height': 1.85, 'weight': 80, 'stu_id': '2018312210', 'school': '文传', 'major': '视觉传达'}
            ]

students = read_students(student_list)
yue = ClassAdvisor('王月', '男', 1.62, 70, '2014312200', '信息', '信息管理', '信管18', students)
print('（1）给学生建议：')
yue.advice_to_student('认真学习', students[0])
yue.advice_to_student('要读文献', students[0])
print('（2）{}班级介绍：'.format(yue.lead_class))
yue.ask_class_introduce()
```

结果：

```
（1）给学生建议：
学生赵甲收到王月老师的建议：认真学习。
学生赵甲收到王月老师的建议：认真学习。
学生赵甲收到王月老师的建议：要读文献。
学生赵甲收到王月老师的建议：要读文献。
（2）信管 18 班级介绍：
我的名字叫赵甲，来自信息学院信息管理专业。
我的名字叫钱乙，来自金融学院金融学专业。
我的名字叫孙丙，来自金融学院金融工程专业。
我的名字叫李丁，来自会计学院财务会计专业。
我的名字叫周戊，来自财政学院财政学专业。
我的名字叫吴己，来自税务学院税收学专业。
我的名字叫郑庚，来自保险学院保险学专业。
我的名字叫王辛，来自统数学院统计学专业。
我的名字叫冯壬，来自经济学院经济学专业。
我的名字叫陈癸，来自文传学院视觉传达专业。
```

在例 7-13 中，所有的导入语句都是从根目录为起始点作为导入的开始，这是因为一个程序库通常是需要由外部程序进行调用的，所以都是从其根目录作为起始点。

7.3 内部模块和外部模块

基于模块和包的关联，Python 建立了强大的标准库，可以实现大部分的常用功能。同时，越来越多的开源库也涌现出来，它们涉及计算机编程的方方面面，使得 Python 成为功能最强大的语言之一。

7.3.1 标准库

Python 标准库是一组包和内部模块的集合，若安装了 Python 的应用程序，在计算机中就有了标准库。在 Python 的开发环境中，随时可以导入并使用标准库中的包和模块，从而使得开发过程变得方便而快捷。一般来说，Python 的标准库放在安装目录下的 lib 目录下。

以标准库中的 sys 模块为例，它提供了一系列有关 Python 运行环境的变量和函数，通过导入，可以直接调用该模块的函数来实现特定的功能。

功能 1：导入 sys 模块。

```
>>> import sys
```

功能 2：获取当前执行环境的平台，“win32”表示 Windows 的操作系统。

```
>>> print(sys.platform)
win32
```

功能 3：查看当前 Python 的版本号，Python3.6.4 的 64 位版本，构建于 2017 年 12 月 19 日。

```
>>> print(sys.version)
3.6.4 (v3.6.4:d48eceb, Dec 19 2017, 06:54:40) [MSC v.1900 64 bit (AMD64)]
```

7.3.2 第三方库

如果说强大的标准库奠定了 Python 发展的基石，丰富的第三方库则是 Python 不断发展的保证。随着 Python 的发展，大量稳定的第三方库被加入到了标准库里面。下面简要介绍在科学计算中常用的库：Numpy、Pandas 和 Scipy。

第三方库通常可以通过 Python 自带的脚本命令 Pip 来完成。首先进入 Windows 的命令行窗口，然后执行“pip install numpy|pandas|scipy”可以分别安装以上 3 个第三方库。通常来说，这些第三方库都有自己的官方网站，包含详细的文档说明，同时在 www.github.com网站中都有开源的代码供用户自由下载。

1）Numpy 是 Python 科学计算的基础包，它的部分功能如下。

- 提供多维数组对象 ndarray。
- 用于对数组执行元素级计算以及直接对数组执行数学运算的函数。

● 提供用于读写硬盘上基于数组的数据集的工具。
● 线性代数运算以及随机数生成。

2）Pandas 提供了使用户能够快速便捷地处理结构化数据的大量数据结构和函数，它的主要数据结构有 Series 以及 Dataframe。

3）Scipy 是一组专门解决科学计算中各种标准问题域的包的集合，主要包括下面这些包。

● Scipy.integrate：数值积分例程和微分方程求解器。
● Scipy.linalg：扩展了由 numpy.linalg 提供的线性代数例程和矩阵分解功能。
● Scipy.optimize：函数优化器以及跟查找算法。
● Scipy.signal：信号处理工具。
● Scipy.sparse：稀疏矩阵和稀疏线性系统求解器。

7.4 编程实践

【例 7-14】 安装并导入 Numpy 的第三方库，给定两个 3*3 矩阵，矩阵的值由 1～100 以内的随机整数组成，然后实现矩阵的加法和乘法运算，并打印相应结果。

```
matrix.py
import numpy as np

a=np.random.randint(1,100,size=[3,3])
b=np.random.randint(1,100,size=[3,3])
print("a = \n%s"%(a))
print("b = \n%s"%(b))
print("a * b = \n%s"%(a*b))
print("a + b = \n%s"%(a+b))
```

结果：

```
a =
[[91 37 66]
 [92 79 41]
 [94 91 55]]
b =
[[10 81 93]
 [ 3  8 35]
 [40 55 94]]
a * b =
[[ 910 2997 6138]
 [ 276  632 1435]
```

```
 [3760 5005 5170]]
a + b =
 [[101 118 159]
 [ 95  87  76]
 [134 146 149]]
```

7.5 本章小结

本章以案例“在程序的世界里看见自己——组织好我们的信息”的实现为主线将知识点进行了贯穿，详细介绍了命名空间、包、模块的基本概念以及实际程序中的应用。

命名空间是对逻辑空间进行命名区分，在 Python 中以库和模块来进行实现，每个包对应了操作系统的一个文件夹，每个模块对应了操作系统的一个文件。通过 import 以及 from-import 的语法，可以自由地导入已有模块和包的变量、函数和类，从而实现代码复用。

在 Python 的安装程序中包含了大量已经定义好的库和模块，称为标准库。除了 Python 的标准库以外，还有很多重要的 Python 库，如 Numpy、Pandas 和 Scipy 等，它们都在数据分析中扮演着重要的角色。

7.6 习题

1．概念题

1）什么是命名空间？什么是模块？

2）在导入模块的过程中，如何全部导入其中的所有内容？

3）简述模块中“__name__”在导入模块时的作用。

4）当建立一个包的时候，为了能够实现“from 包名 import *”的代码，包中必须满足什么条件？

2．编程题

1）编写 calendar.py 模块，实现 Calendar 类，可以显示用户输入的年、月的星期日历；编写 person.py 模块，实现 Person 类，能够查看万年历。

2）定义包 tools，将 calendar.py 放入 tools 包中；编写 health.py 模块，实现 Health 类，可以测算健康指数，并放入 tools 包中；重新编写 person.py 模块，实现 Person 类，能够查看万年历，并测算自己的健康指数。

第 8 章 文件和异常处理

现实生活中很多人都有过这样的经历，在进行文档编辑时，由于停电、操作系统崩溃或电脑硬件突然产生故障等原因，导致之前编辑的文字丢失。这是因为在编辑的过程中，所有的内容都只是暂存在内存中；而内存是由一系列的二极管组成，其信息只能在通电时才能存在，一旦没有了电源，数据将不复存在。为了保证编辑的内容永久保存，需要利用保存的功能将数据保存到磁盘之中，以防止已有内容的丢失。

本章将学习 Python 中文件的操作和异常处理，介绍如何在代码的层面进行文件的读取和写入，使得编写的应用程序能够永久保存信息。

8.1 案例：在程序的世界里看见自己——永久保存我们的信息

在本章案例中，将介绍文件的基本知识、使用方法以及异常处理的功能，主要包括以下内容。

1）提出文件的概念，介绍文件的相关常识。

2）介绍 Python 中文件常用的操作命令。

3）提出异常的概念，并介绍常用的异常处理的用法。

4）以第 7 章的程序为基础，实现数据的保存和读取，并引入异常，对可能出现的执行错误进行处理。

8.2 文件

在操作系统中，内存中的数据是以文件的形式在磁盘上进行组织的，进行内容保存的过程实际上就是文件写入的过程，而打开文件则是文件读取的过程。

8.2.1 文件简介

文件就是用来保存数据的对象。在 Windows 操作系统中，文件是以扩展名来指定类型的，.exe 是可执行文件格式，.txt 是文本文件格式，.doc 是文档文件格式，.xlsx 是表格文件格式，.ppt 是幻灯片文件格式等，所有的这些都称为文件。在可视化操作系统中，不同类型的文件采用不同的软件打开，称为文件关联。通常情况下，文件的编码形式分为两种，一种是以 ASCII 码存在的文本形式，另一种是二进制形式。为了能够操作一个文件，需要明确文件的编码形式和打开模式，如果是二进制的编码形式，还需要确定二进制数据的组织结构。

8.2.2　文件相关函数

open 函数是 Python 内置的函数，主要用于在代码执行的过程中打开文件，其具体语法如下：

```
open(file, mode='r', buffering=-1, encoding=None, errors=None, newline=None, closefd=True, opener=None)
```

其中，file 参数用来表示需要打开的文件路径及名称，mode 是一个可选参数，默认值为'r'，表示只读模式；另外还可以指定其他存取模式，具体可参考表 8-1。需要注意的是，尽管其 mode 默认为'r'，实际却隐藏了一个't'，即以文本只读的形式打开文件，以此类推，如果要以文本可写的形式打开文件，可以采用'w'或'wt'，如果要以二进制添加的形式打开文件，需要采用'wb'。在以二进制打开文件的时候，文件内容以二进制存在并不做任何解码，而以文本模式打开文件时，文件内容被解码为基于某种编码（如 ASCII 或 Unicode）的字符串。其他参数可以参考函数帮助：打开 Python 的编译器，输入“help(open)”，可以查看该函数的详细用法。

表 8-1　文件打开模式

打开模式	执行操作
'r'	以只读的方式打开文件，文件必须存在，否则打开出错
'w'	以写入的方式打开文件，文件如果不存在则创建新文件，如果存在则会覆盖已存在的文件
'a'	以写入模式打开，如果文件存在，则在末尾追加写入
'b'	以二进制方式打开文件
't'	以文本模式打开
'+'	同时可读写模式。 'r+'与'w+'都是可读写模式，但'r+'必须保证文件存在才可以使用

使用 open 函数打开一个文件以后，会返回一个文件对象，利用该文件对象，可以调用其方法实现文件的操作。在例 8-1 中，采用文本只写的模式打开“test.txt”文件，并返回了 f 这样一个文件对象，在没有“test.txt”文件的时候，会创建一个新的“test.txt”文件。当以文本只读的模式打开“test.txt”文件时，由于在该代码文件的相同文件夹下不存在该文件，因此会产生错误，提示没有该文件。

当需要打开其他文件夹下的文件时，需要指定文件路径，如采用相对路径“f = open("../test.txt",mode='w')”打开上级文件夹的“test.txt”文件，采用绝对路径“f = open("d:/test.txt",mode='w')”打开 D 盘根文件夹的“test.txt”文件。

【例 8-1】

```
f = open("test.txt",mode='w')
```

```
print(f)
```

结果：

```
<_io.TextIOWrapper name='test.txt' mode='w' encoding='cp936'>
```

```
f = open("test.txt",mode='r')
print(f)
```

结果：

```
FileNotFoundError: [Errno 2] No such file or directory: 'test.txt'
```

8.2.3 文件相关方法

在打开文件之后，可以根据打开的模式不同，通过调用文件对象的方法对文件进行读取、更新、覆写和关闭等操作。一些常用的文件相关方法如表 8-2 所示。这些方法都是对文本文件进行操作。

表 8-2 常用文件相关方法

文件对象的方法	执行操作
close()	关闭文件
read(size)	从文件中读取 size 个字符，如果 size 未给定或负，则读取整个文件
readline()	从文件中读取一行字符串
readlines()	从文件中读取每行字符串，并将每行字符串都存到一个列表中
write(str)	将字符串 str 写入文件
writelines(seq)	向文件写入字符串序列集合
seek(offset,from)	在文件中将指针从 from 偏移 offset 个字节
tell()	返回当前在文件中的位置

1．close 方法

close 方法用来关闭文件对象，某些情况下，还会完成将写入缓冲区的内容保存到磁盘上的附加功能。

2．write 方法

write 方法是在写、读写或者增加模式中利用文件对象保存内存内容到文件的方法，具体语法如下：

```
write(self, buffer, /)
```

在 write 方法中，self 表示文件对象自身，buffer 是指定的内存的内容，“/”表示该方法只接受位置参数，不接受关键字参数。在例 8-2 中，将“This text will be written into the test.txt.”以文本的方式写入“test.txt”文件中。

【例 8-2】

```
f = open("test.txt",mode='w')
f.write("This text will be written into the test.txt.\n")
f.write("This is the second line in the test.txt.")
f.close()
```

在 test.txt 文件中显示如下：

```
"This text will be written into the test.txt."
"This is the second line in the test.txt."
```

3．read 方法

read 方法是在读或者读写模式下利用文件对象读取文件的方法，具体语法如下：

```
read(self, size=-1, /)
```

在 read 方法中，size 表示读取的字符数，如果 size 超过文件中字符的数量，或者默认为-1，则读取到文件结束为止。在例 8-3 中，以文本方式读取 9 个字符，则得到“This text”的字符串。

【例 8-3】

```
f = open("test.txt",mode='r')
content = f.read(9)
print(content)
f.close()
```

结果：

```
This text
```

4．readline 方法

readline 方法每次读取文件中的一行文件，该方法可以结合循环来读取整个文件，直到文件结束为止，具体语法如下：

```
readline(self, size=-1, /)
```

在例 8-4 中，当读取的内容不为 None 时，就继续读取下一行，直到文件结束为止。在打印的时候，因为在第一行中有一个“\n”存在，因此打印出了一个空行。

【例 8-4】

```
f = open("test.txt",mode='r')
```

```
while True:
    content = f.readline()
    if not content:
        break
    print(content)
f.close()
```

结果：

```
This text will be written into the test.txt.

 This is the second line in the test.txt.
```

5．readlines 方法和 writelines 方法

通常情况下，readline 方法逐行获取数据，其效率较低。采用 readlines 方法，可以一次将文件的所有行都读取出来并保存在一个列表中，具体语法如下：

```
readlines(self, hint=-1, /)
```

通常情况下，只有文本大到内存无法一次容下的情况下才使用 readline 方法。在例 8-5 中，读取的 contents 是包含了两个字符串的一个列表。

【例 8-5】

```
f = open("test.txt",mode='r')
contents = f.readlines()
print(contents)
f.close()
```

结果：

```
['This text will be written into the test.txt.\n', 'This is the second line in the test.txt.']
```

同样，也可以采用 writelines 方法从一个列表中一次将内容全部写入到文件中，具体语法如下：

```
writelines(self, lines, /)
```

6．tell 方法

当打开文件后，在内存中有一个游标指向文件的首部，在文件进行读取和写入的时候，游标不断移动，控制读取和插入的位置。tell 方法用来获取文件当前游标的位置，具体语法如下：

```
tell(self, /)
```

如例 8-6 所示，在打开文件后调用 tell 方法，游标在首部，其位置为 0。在读取完文件后，游标位于文件尾部，再次调用 tell 方法，其位置为 85。

【例 8-6】

```
f = open("test.txt",mode='r')
begin = f.tell()
contents = f.readlines()
end = f.tell()
print(begin, end)
f.close()
```

结果：

```
0 85
```

7．seek 方法

seek 方法与 tell 方法相对应，用来将游标移动到指定的位置。通常来说，当文件进行一次读写后，游标会发生变化，在没有重新打开文件进行再次读写时，常常需要移动游标到合适的位置。具体语法如下：

```
seek(self, cookie, whence=0, /)
```

其中，whence 表示游标的起始位置，0 表示文件的首部，1 表示游标当前所在位置，2 表示文件的尾部；cookie 表示游标移动的相对距离，正数表示向后移动，负数表示向前移动。

在例 8-7 中，以增加的方式打开文件，游标起始位置在文件尾部，即 85；当写入新文本后，游标实际位置变为 125；为了能够从首部开始读取所有文本，采用 seek 将游标移动到文件首部，这儿默认的 whence 为 0，表示游标从文件首部开始移动，参数 0 表示移动的距离。

【例 8-7】

```
f = open("test.txt",mode='a+')
position = f.tell()
print("cursor position before writelines at %s"%position)
f.writelines(["\nThis is the third line in the test.txt."])
position = f.tell()
print("cursor position after writelines at %s"%position)
f.seek(0)
contents = f.readlines()
```

```
print(contents)
position = f.tell()
print("cursor position after readlines at %s"%position)
f.close()
```

结果：

```
cursor position before writelines at 85
cursor position after writelines at 125
['This text will be written into the test.txt.\n', 'This is the second line in the test.txt.\n', 'This is the third line in the test.txt.']
cursor position after readlines at 125s
```

在 Python 中，为了能够对二进制数据进行文件操作，通常需要采用 pickle 模块来实现。pickle 是一个可以对 Python 对象进行序列化表示的强大模块，可以将任何的二进制数据转换为字符串并与文件进行交互，其主要函数包括 dump 函数和 load 函数。

8．dump 函数

dump 函数可以将一个对象以二进制进行表示，然后存储到一个文件中，具体语法如下：

```
dump(obj, file, protocol=None, *, fix_imports=True)
```

其中，obj 是对象名称，file 是文件对象，该对象必须具有 write 的方法可供调用，因此 file 对象应该对应一个以二进制写方式打开的文件。*表示其后的参数必须为关键字参数。在例 8-8 中，创建了一个“TestClass”类，并基于该类生成了一个对象“c”，将该对象采用 dump 方法存储到以二进制写的方式打开的“testbin.txt”中，可以看到，尽管存入的是文本文件，但其实内容是以二进制方式存储的，所以当结果以字符串形式显示的时候，呈现的是乱码。

【例 8-8】

```
import pickle
class TestClass:
    def __init__(self):
        self.name = "test"
        self.size = 3
f = open("testbin.txt",mode='wb')
c = TestClass()
pickle.dump(c, f)
```

```
f.close()
```

在文件“testbin.txt”中显示如下：

```
“€ c__main__
TestClass
q )轧}q(X    nameqX    testqX    sizeqKub.”
```

9．load 函数

以 dump 函数存入文件的对象需要用 load 函数才能够重新提取出来，具体语法如下：

```
load(file, *, fix_imports=True, encoding='ASCII', errors='strict')
```

其中，file 是文件对象，该对象必须具有 read 方法和 readline 方法可供调用，因此 file 对象应该对应一个以二进制读方式打开的文件。load 函数返回一个对象，该对象必须由用户明确其所属类型。在例 8-9 中，从“testbin.txt”中读取二进制数据并存储到了“TestClass”类对象“c”中，根据该类的属性，可以显示“c”为“TestClass”类型的对象，“c”的“name”属性值为“test”，“size”属性值为 3。

【例 8-9】

```
import pickle
class TestClass:
    def __init__(self):
        self.name = "test"
        self.size = 3
f = open("testbin.txt",mode='rb')
c = pickle.load(f)
print(c, c.name, c.size)
f.close()
```

结果：

```
<__main__.TestClass object at 0x00000173FF6B8588> test 3
```

8.3　数据文件

大多数的程序都要求用户输入数据信息，然后把输入的信息存储在列表和字典等数据结构中，并存入具有一定格式的文件中，统称为数据文件。常用的数据文件格式包含 JSON 格式、CSV 格式、DOC 格式和 XLS 格式，本节重点介绍 JSON 格式和 CSV 格式的数据文件操作方法。

8.3.1 JSON 格式

JSON 指的是 JavaScript 对象表示法（JavaScript Object Notation），是轻量级的文本数据交换格式。JSON 使用 JavaScript 语法来描述数据对象，但是 JSON 独立于语言和平台。JSON 解析器和 JSON 库支持许多不同的编程语言。大量的网络数据都采用了 JSON 的数据格式。一般来说，JSON 建构于两种结构：一种是“名称/值”对的集合：在 Python 语言中，它被理解为字典；另一种是值的有序列表：在 Python 语言中，它被理解为列表。因此，在 Python 语言中可以将 JSON 格式视为由列表和字典的自由嵌套组成的数据集合。

在第 7 章例 7-13 中，test.py 文件中定义的 student_list 就是一个列表中包含了多个字典的数据结构，是典型的 JSON 格式。在 Python 中，可以采用 json 模块来进行该类型文件的基本操作。json 模块中具有 dump 函数和 load 函数，与 pickle 中的 dump 函数和 load 函数功能类似，都是将数据存储到文件中和从文件中读取数据。不同的是二者存入的数据格式不同，前者以特定的文本格式存入文件，能够用文本编辑器打开查看，后者则是将数据转换为二进制存入文件，不可直接查看。具体语法格式如下：

```
load(fp, *, cls=None, object_hook=None, parse_float=None, parse_int=None, parse_constant=None, object_pairs_hook=None, **kw)
dump(obj, fp, *, skipkeys=False, ensure_ascii=True, check_circular=True, allow_nan=True, cls=None, indent=None, separators=None, default=None, sort_keys=False, **kw)
```

在 load 函数中，fp 是一个已经打开的文件对象，并具有 read 方法，该函数将返回一个具有 JSON 格式的 Python 对象；在 dump 函数中，obj 是一个具有 JSON 格式的 Python 对象，fp 是一个具有 write 方法的文件对象，该函数将 obj 保存在 fp 所代表的文件中。在稍后的 8.5 节中，用例 8-14 来详细地说明 json 模块的具体用法。

8.3.2 CSV 格式

CSV 文件也是具有特殊格式的纯文本文件，通常用来存储表格数据。文件由多个行组成，表示表格数据中的记录；每条记录由多个字段组成，字段间的分隔符是其他字符或字符串，最常见的是逗号或制表符。通常所有记录都有完全相同的字段序列。CSV 文件可以使用记事本（NotePad）来开启，也可以用 Office 中的 Excel 应用程序通过简单的转换后打开。在 Python 中，可以采用 csv 模块进行基本的 CSV 格式数据的读写，也可以通过第三方模块 Pandas 中的 read_csv 函数和 to_csv 方法进行读写。此处重点介绍一下 csv 模块的使用方法。csv 模块中用来存取数据的最重要的两个函数是 reader 和 writer 函数。具体语法格式如下：

```
reader(iterable [, dialect='excel'], [optional keyword args])
```

```
writer(fileobj [, dialect='excel'], [optional keyword args])
```

reader 函数用来读取 CSV 格式的文件内容，并将结果保存到一个迭代器中。其中，iterable 表示读取的文件对象或列表对象，dialect 表示默认的格式为兼容“excel”的格式。writer 函数用来写入 CSV 格式文件，其中 fileobj 为需要写入的文件对象。在稍后的 8.5 节中，用例 8-14 和例 8-15 来详细地说明 csv 模块的具体用法。

8.4　异常及其处理

在 Python 程序运行的过程中，常常会出现运行错误，从而停止下来。在某些情况下，用户不希望程序停止，或者希望能够获取更加详细的错误信息。为此，Python 提供了异常处理机制，让程序在遇到异常时，可以正常地运行而避免崩溃。

8.4.1　异常

异常指的是在程序运行过程中发生的异常事件，通常是由外部问题（如硬件错误、输入错误）所导致的。在数据计算、文件访问的过程中，程序访问互联网时，异常是经常发生的。每当发生让 Python 不知道如何处理的错误时，它都会产生一个异常对象。如果编写了异常处理代码，程序会按照命令对异常进行处理；如果没有编写异常处理代码，程序在遇到异常时就会停止运行并显示一个 traceback。下面列举出经常遇到的异常类型。

1．AssertionError：断言语句失败

当 assert 这个关键字后边的条件为假时，程序将停止并抛出 AssertionError 异常。

2．AttributeError：尝试访问未知的对象属性

当试图访问的对象属性不存在时抛出异常。

3．IndexError：索引超出序列的范围

当索引超出序列范围的时候抛出 IndexError 异常。

4．KeyError：字典中查找一个不存在的关键字

当试图在字典中查找一个不存在的关键字时就会抛出 KeyError 异常。

5．NameError：尝试访问一个不存在的变量

当试图访问一个不存在的变量时会抛出 NameError 异常。

6．OSError：操作系统产生的异常

例如，打开一个不存在的文件就会引发 FileNotFoundError，而这个 FileNotFoundError 就是 OSError 的子类。

7．SyntaxError：Python 的语法错误

如果程序有语法错误，就会引发 SyntaxError 异常，程序员应该尽力找到错误并改正。

8．TypeError：不同类型间的无效操作

不同类型的变量之间不能进行计算，否则会抛出 TypeError 异常。

9．ZeroDivisionError：除数为零

任何数除以零都会引发 ZeroDivisionError 异常。

8.4.2 异常检测和处理

异常检测可以使用 try 语句来实现，任何出现在 try 语句范围内的异常都会被检测到。异常是使用 try-expect 代码块处理的。当程序可能会发生错误时，可以编写一个 try_expect 代码块来处理可能发生的异常。try-expect 语句格式如下：

```
try:
    检测范围
except Exception[as reason]:
    出现异常（Exception）后的处理代码
else:
     不出现异常的处理代码
finally:
     无论是否出现异常，均执行的代码
```

在文件“tryexcept.txt”中包含两行字符串，分别为两个数值对应的字符串，例 8-10 将根据输入的文件名打开相应的文件，读取文件中的两行字符串并转换为数值，并将二者相除得到结果。

【例 8-10】

```
filename = input("please input the file path and name:")
f = open(filename, mode = 'r')
contents = f.readlines()
dividend = float(contents[0])
divisor = float(contents[1])
```

```
    result = dividend / divisor
    print("%s / %s = %s"%(dividend, divisor, result))
    f.close()
```

结果 1（文件“tryexcept.txt”中包含两行字符串，分别为“10”和“0”）：

```
please input the file path and name:tryexcept
Traceback (most recent call last):
  File "tryexcept.py", line 2, in <module>
    f = open(filename, mode = 'r')
FileNotFoundError: [Errno 2] No such file or directory: 'tryexcept'
```

结果 2（文件“tryexcept.txt”中包含两行字符串，分别为“10”和“0”）：

```
please input the file path and name:tryexcept.txt
Traceback (most recent call last):
  File " tryexcept.py", line 6, in <module>
    result = dividend / divisor
ZeroDivisionError: float division by zero
```

可以看到，当输入错误的文件名时，会产生“FileNotFoundError”的错误（结果 1）；当输入正确文件名时，计算 10/0 会产生“ZeroDivisionError”的错误。为了避免运行过程由于出错导致的不友好的错误提示和程序停止，添加异常处理的语句，可以避免这一点。

【例 8-11】

```
filename = input("please input the file path and name:")
try:
    f = open(filename, mode = 'r')
    contents = f.readlines()
    dividend = float(contents[0])
    divisor = float(contents[1])
    try:
        result = dividend / divisor
    except ZeroDivisionError as e:
        print("The divisor cannot be zero, the error is %s"%e)
    else:
        print("%s / %s = %s"%(dividend, divisor, result))
    finally:
        f.close()
except FileNotFoundError as e:
```

```
16            print("File not find, the error is %s"%e)
```

结果 1（文件“tryexcept.txt”中包含两行字符串，分别为“10”和“0”）：

```
please input the file path and name:tryexcept
File not find, the error is [Errno 2] No such file or directory: 'a'
```

结果 2（文件“tryexcept.txt”中包含两行字符串，分别为“10”和“0”）：

```
please input the file path and name:tryexcept.txt
The divisor cannot be zero, the error is float division by zero
```

结果 3（文件“tryexcept.txt”中包含两行字符串，分别为“10”和“2”）：

```
please input the file path and name:tryexcept.txt
10.0 / 2.0 = 5.0
```

如例 8-11 所示，将整个程序放在外部的 try-except 语句中，并根据打开文件这一操作捕获“FileNotFoundError”异常，并做相应提示（结果 1），使得出错的问题更加明确（结果 1）；同时，将除法计算部分放在内部的 try-except 语句中，当产生“ZeroDivisionError”异常时捕获并进行提示（结果 2）；当没有异常时，利用 else 语句打印相应结果（结果 3）。这一过程中，无论是否存在异常，都用 finally 语句关闭文件。

8.5 编程实践

【例 8-12】 以例 7-13 进行扩展，将学生列表保存在“student_list.txt”文件中，从文件读取学生数据并进行处理，同时建立异常处理机制。其中，“student_list.txt”文件的内容如下：

```
{'name': '赵甲', 'gender': '男', 'height': 1.65, 'weight': 60, 'stu_id': '2018312201', 'school': '信息', 'major': '信息管理'}
{'name': '钱乙', 'gender': '女', 'height': 1.75, 'weight': 70, 'stu_id': '2018312202', 'school': '金融', 'major': '金融学'}
{'name': '孙丙', 'gender': '男', 'height': 1.85, 'weight': 80, 'stu_id': '2018312203', 'school': '金融', 'major': '金融工程'}
{'name': '李丁', 'gender': '女', 'height': 1.95, 'weight': 90, 'stu_id': '2018312204', 'school': '会计', 'major': '财务会计'}
{'name': '周戊', 'gender': '男', 'height': 1.65, 'weight': 60, 'stu_id': '2018312205', 'school': '财政', 'major': '财政学'}
{'name': '吴己', 'gender': '女', 'height': 1.75, 'weight': 70, 'stu_id': '2018312206', 'school': '税务', 'major': '税收学'}
```

```
{'name': '郑庚', 'gender': '男', 'height': 1.85, 'weight': 80, 'stu_id': '2018312207', 'school': '保险', 'major': '保险学'}
{'name': '王辛', 'gender': '女', 'height': 1.65, 'weight': 60, 'stu_id': '2018312208', 'school': '统数', 'major': '统计学'}
{'name': '冯壬', 'gender': '男', 'height': 1.75, 'weight': 70, 'stu_id': '2018312209', 'school': '经济', 'major': '经济学'}
{'name': '陈癸', 'gender': '女', 'height': 1.85, 'weight': 80, 'stu_id': '2018312210', 'school': '文传', 'major': '视觉传达'}
```

首先将文件以文本只读的方式读取到“student_str”中，然后对每行字符串采用 eval 函数转换为字典类型并添加到“student_list”列表中，最后完成与例 7-13 相同的处理。此处在打开文件的地方添加了异常处理，一旦产生“FileNotFoundError”的错误，将进行提示并退出程序。具体代码如下：

```
test.py
from persons.classadvisor import ClassAdvisor
from persons.student import Student
def read_students(student_list):
    """得到学生实例列表"""
    students = []
    for i in range(len(student_list)):
        s = student_list[i]
        students.append(Student(s['name'], s['gender'], s['height'], s['weight'], s['stu_id'], s['school'], s['major']))
    return students
try:
    filename = "student_list.txt"
    f = open(filename, 'r')
    student_str = f.readlines()
except FileNotFoundError as e:
    print("Can not open file %s." %filename)
    exit()
student_list = [eval(each) for each in student_str]
students = read_students(student_list)
yue = ClassAdvisor('王月', '男', 1.62, 70, '2014312200', '信息', '信息管理', '信管 18', students)
print('（1）给学生建议：')
yue.advice_to_student('认真学习', students[0])
yue.advice_to_student('要读文献', students[0])
```

```
print('（2）{}班级介绍：'.format(yue.lead_class))
yue.ask_class_introduce()
```

【例 8-13】 以例 7-13 进行扩展，将学生列表保存在“student_list.json”文件中，从文件读取学生数据并进行处理，同时建立异常处理机制。其中，“student_list.json”文件的内容如下：

```
[{"name": "赵甲", "gender": "男", "height": 1.65, "weight": 60, "stu_id": "2018312201", "school": "信息", "major": "信息管理"},
 {"name": "钱乙", "gender": "女", "height": 1.75, "weight": 70, "stu_id": "2018312202", "school": "金融", "major": "金融学"},
 {"name": "孙丙", "gender": "男", "height": 1.85, "weight": 80, "stu_id": "2018312203", "school": "金融", "major": "金融工程"},
 {"name": "李丁", "gender": "女", "height": 1.95, "weight": 90, "stu_id": "2018312204", "school": "会计", "major": "财务会计"},
 {"name": "周戊", "gender": "男", "height": 1.65, "weight": 60, "stu_id": "2018312205", "school": "财政", "major": "财政学"},
 {"name": "吴己", "gender": "女", "height": 1.75, "weight": 70, "stu_id": "2018312206", "school": "税务", "major": "税收学"},
 {"name": "郑庚", "gender": "男", "height": 1.85, "weight": 80, "stu_id": "2018312207", "school": "保险", "major": "保险学"},
 {"name": "王辛", "gender": "女", "height": 1.65, "weight": 60, "stu_id": "2018312208", "school": "统数", "major": "统计学"},
 {"name": "冯壬", "gender": "男", "height": 1.75, "weight": 70, "stu_id": "2018312209", "school": "经济", "major": "经济学"},
 {"name": "陈癸", "gender": "女", "height": 1.85, "weight": 80, "stu_id": "2018312210", "school": "文传", "major": "视觉传达"}]
```

与例 8-12 相比，无论在文件格式上，还是在文件读取上均有一些微小的差异。在“student_list.json”中，数据被组成列表的形式，列表中的字典元素用逗号隔开，同时，所有的字符串都用双引号的格式，这是因为 JSON 模块目前只支持双引号的形式。在“testjson.py”程序中，首先要导入 json 模块（行 3）；为了能够读取中文，在打开文件的时候需要说明其编码为“utf-8”，否则 JSON 模块会默认用“GBK”的编码读取（行 14）；然后采用 load 函数可以直接将文件读取并转换为列表对象（行 18），不再需要用 eval 函数进行每行的转换。具体代码如下：

```
testjson.py
01    from persons.classadvisor import ClassAdvisor
02    from persons.student import Student
03    import json
```

```
def read_students(student_list):
    """得到学生实例列表"""
    students = []
    for i in range(len(student_list)):
        s = student_list[i]
        students.append(Student(s['name'], s['gender'], s['height'], s['weight'], s['stu_id'],
                                s['school'], s['major']))
    return students
try:
    filename = "student_list.json"
    f = open(filename, 'r', encoding='utf-8')
except FileNotFoundError as e:
    print("Can not open file %s." %filename)
    exit()
student_list = json.load(f)
students = read_students(student_list)
yue = ClassAdvisor('王月', '男', 1.62, 70, '2014312200', '信息', '信息管理', '信管18', students)
print('（1）给学生建议：')
yue.advice_to_student('认真学习', students[0])
yue.advice_to_student('要读文献', students[0])
print('（2）{}班级介绍：'.format(yue.lead_class))
yue.ask_class_introduce()
```

【例 8-14】 将“student_list.json”文件从 JSON 格式转换为 CSV 格式，并保存到“student_list.csv”文件中。

如例 8-13 所示，JSON 格式是将键值对集合保存在列表中，而 CSV 格式则将键值分开，第一行保存键，后面的行依次保存每个字典的值，形成二位表格的形式。因此，生成的“student_list.csv”的内容如下：

```
name,gender,height,weight,stu_id,school,major
赵甲,男,1.65,60,2018312201,信息,信息管理
钱乙,女,1.75,70,2018312202,金融,金融学
孙丙,男,1.85,80,2018312203,金融,金融工程
李丁,女,1.95,90,2018312204,会计,财务会计
周戊,男,1.65,60,2018312205,财政,财政学
吴己,女,1.75,70,2018312206,税务,税收学
郑庚,男,1.85,80,2018312207,保险,保险学
```

```
王辛,女,1.65,60,2018312208,统数,统计学
冯壬,男,1.75,70,2018312209,经济,经济学
陈癸,女,1.85,80,2018312210,文传,视觉传达
```

为了能够进行有效转换，需要用 CSV 的 writer 函数建立一个写的对象 w，然后先将键写入第一行（行 19），再分别将每个学生对应的值写入（行 20～21）。具体代码如下：

```
json2csv.py
01    from persons.classadvisor import ClassAdvisor
02    from persons.student import Student
03    import json
04    import csv
05    try:
06        jsonname = "student_list.json"
07        f = open(jsonname, 'r')
08    except FileNotFoundError as e:
09        print("Can not open file %s." %jsonname)
10        exit()
11    try:
12        csvname = "student_list.csv"
13        f1 = open(csvname, 'w', newline='')
14    except FileNotFoundError as e:
15        print("Can not open file %s." %csvname)
16        exit()
17    student_list = json.load(f)
18    w = csv.writer(f1)
19    w.writerow(student_list[0].keys())
20    for each in student_list:
21        w.writerow(each.values())
22    f.close()
23    f1.close()
```

【例 8-15】 以例 7-13 进行扩展，从例 8-14 生成的“student_list.csv”文件中读取学生数据并进行处理，同时建立异常处理机制。

在读取时首先用 csv 模块中的 reader 函数获取一个迭代器并保存在列表“student_list”中（行 18～21），由于文件格式发生了变化，因此将 CSV 格式转换为 JSON 格式（行 22～24）并保存到“student_dict”中，用于后续程序的使用。具体代码如下：

```
testcsv.py
01    from persons.classadvisor import ClassAdvisor
```

```
from persons.student import Student
import csv

def read_students(student_list):
    """得到学生实例列表"""
    students = []
    for i in range(len(student_list)):
        s = student_list[i]
        students.append(Student(s['name'], s['gender'], s['height'], s['weight'], s['stu_id'], s['school'], s['major']))

    return students
try:
    filename = "student_list.csv"
    f = open(filename, 'r')
except FileNotFoundError as e:
    print("Can not open file %s." %filename)
    exit()
student_csv = csv.reader(f)
student_list = []
for each in student_csv:
    student_list.append(each)
columns = student_list[0]
student_list = student_list[1:]
student_dict = [dict(zip(columns,each)) for each in student_list]
students = read_students(student_dict)
yue = ClassAdvisor('王月', '男', 1.62, 70, '2014312200', '信息', '信息管理', '信管18', students)
print('（1）给学生建议：')
yue.advice_to_student('认真学习', students[0])
yue.advice_to_student('要读文献', students[0])
print('（2）{}班级介绍：'.format(yue.lead_class))
yue.ask_class_introduce()
```

8.6　本章小结

本章以“在程序的世界里看见自己——永久保存我们的信息”为主题，介绍了文件的基本概念和基本操作方法。文件可以采用读、写、添加等方式打开，可以利用文本方式和二进制方式对文件进行存取。此外，针对常用的数据文件格式，如 JSON 格式和 CSV 格式，需要采用不同的模块进行处理。文件打开以后必须及时关闭，否则会造成数据丢失。在程序编写过程中，为了能够妥善应对由于运行错误造成的不友好提示和程序崩溃，可以运用异常处理机制来进行处理，通过使用 try-expect 代码块实现异常捕获。

8.7 习题

1. 概念题

1）什么是文件？

2）在 Python 中打开文件的方式有几种，各有什么特点？

3）简述二进制文件和文本文件的主要区别。

4）简述异常的语法结构和能够解决的问题。

2. 编程题

1）编写 calendar.py 模块，实现 Calendar 类，可以显示用户输入的年、月的星期日历；编写 person.py 模块，实现 Person 类，能够查看万年历，并可以将所查日期的万年历的信息保存到 calendar.txt 中。

2）在 health.txt 文件中包含健康指标如下，编写 health.py 模块，能够读取文件内容，并根据人工输入的体重和身高计算 BMI，测算健康指数。当输入身高为 0 时，能够进行异常处理。

```
health.txt
<18.5: "过轻"
<24: "正常"
<27: "过重"
<32: "肥胖"
>32: "非常肥胖"
```

第 9 章　网络数据爬取

随着 Internet 的飞速发展，互联网中每天都会产生大量的非结构化数据。如何从这些非结构化数据中提取有效信息，供人们在学习和工作中使用呢？为了解决这个问题，网络爬虫技术应运而生。特别是近年来，伴随着大数据技术迅速的发展，数据爬取作为数据分析的基础显得尤为重要。Python 作为一种简单易用的编程语言，不但封装了大量性能优异的网络数据通信接口，而且还在这些通信接口之上，衍生出了一大批优秀易用的第三方库和多样的数据爬虫框架，使得 Python 成为当下颇受欢迎的网络爬虫技术载体。

本章将结合“淘宝”网站数据爬取实例，向大家展示如何利用 Python 语言编写网络数据抓取程序，解析并抽取网页有效信息。结合案例，本章将详细介绍可以用来快速搭建网络爬虫系统的 Python 第三方工具库 Beautiful soap 和 Request，以及它们的一些常用函数方法，展示如何基于正则表达及 Request 的 API 获取“淘宝”商品页面的有效信息。

9.1　案例：在商务世界里看见数据——“淘宝”数据的爬取

在本章案例中，将展示如何从“淘宝”网站上抓取商品详情页并提取结构化的信息数据。首先在用户终端，运行 Python 程序 test.py，输入某类商品名称、需要收集数据条数以及结果保存的路径，然后示例程序可以从“淘宝”网站上爬取相关类型的商品详情页，解析详情页的 HTML，抽取出类别、品牌、价格、经销商、评价、产地、评价等商品的结构化信息。最终收集到的数据（商品属性、评论、评论的统计信息）会分别被保存在指定路径下的 JSON 格式的文本文件中。

9.2　Requests 库

Requests 库是用Python语言编写的，基于 urllib，采用 Apache2 Licensed 开源协议的 HTTP 库；它封装了常用的 HTTP 请求函数，可以方便地向服务器发送 HTTP 请求，并处理响应结果。本节将会详细介绍 Requests 库的主要接口函数以及如何使用它们来获取网页信息。

在学习和使用 Requests 库之前，首先需要在 Python 环境中安装配置 Requests 模块。具体而言，在 Windows 的 DOS 环境中，可以输入例 9-1 中的命令安装配置 Requests 模块，安装过程如图 9-1 所示。

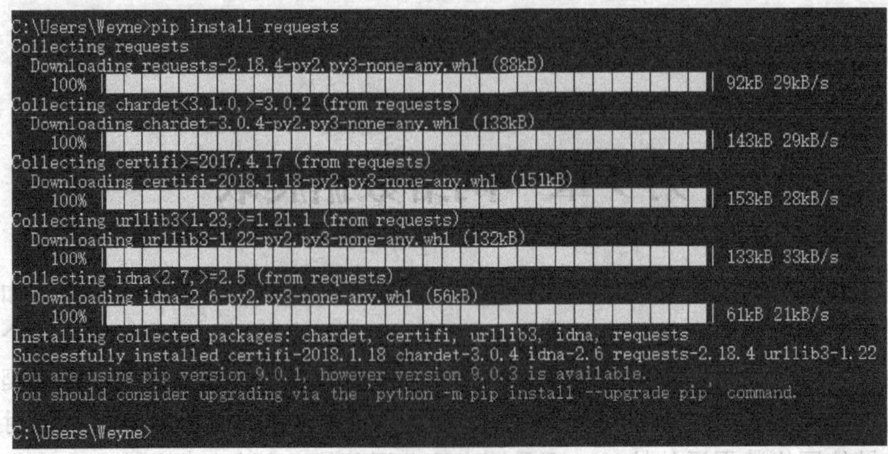

```
C:\Users\Weyne>pip install requests
Collecting requests
  Downloading requests-2.18.4-py2.py3-none-any.whl (88kB)
    100% |████████████████████████████████| 92kB 29kB/s
Collecting chardet<3.1.0,>=3.0.2 (from requests)
  Downloading chardet-3.0.4-py2.py3-none-any.whl (133kB)
    100% |████████████████████████████████| 143kB 29kB/s
Collecting certifi>=2017.4.17 (from requests)
  Downloading certifi-2018.1.18-py2.py3-none-any.whl (151kB)
    100% |████████████████████████████████| 153kB 28kB/s
Collecting urllib3<1.23,>=1.21.1 (from requests)
  Downloading urllib3-1.22-py2.py3-none-any.whl (132kB)
    100% |████████████████████████████████| 133kB 33kB/s
Collecting idna<2.7,>=2.5 (from requests)
  Downloading idna-2.6-py2.py3-none-any.whl (56kB)
    100% |████████████████████████████████| 61kB 21kB/s
Installing collected packages: chardet, certifi, urllib3, idna, requests
Successfully installed certifi-2018.1.18 chardet-3.0.4 idna-2.6 requests-2.18.4 urllib3-1.22
You are using pip version 9.0.1, however version 9.0.3 is available.
You should consider upgrading via the 'python -m pip install --upgrade pip' command.

C:\Users\Weyne>
```

图 9-1　Python Requests 模块安装

【例 9-1】 利用 pip 工具安装 Requests 模块。

```
pip install requests
```

📖 此例中 pip 工具需要事先安装。如果没有安装，可以先在网上下载 pip 软件包，解压缩后，在 DOS 环境下进入解压缩后的文件目录，运行 python setup.py install。

9.2.1 主要接口函数

Requests 库主要用于发送 HTTP 请求和处理请求的响应。如表 9-1 所示，它的所有功能都可以通过 request、get、head、post、put、patch、delete 等 7 个接口函数进行调用，它们全部都会返回一个 Response 对象的实例。本节将详细介绍 get 和 post 这两个最基本的网页数据获取接口。

表 9-1　Requests 库的主要接口

方　法	解　释
requests.request()	构造一个请求，支持以下各种方法
requests.get()	获取 HTML 的主要方法
requests.head()	获取 HTML 头部信息的主要方法
requests.post()	向 HTML 网页提交 post 请求的方法
requests.put()	向 HTML 网页提交 put 请求的方法
requests.patch()	向 HTML 提交局部修改的请求
requests.delete()	向 HTML 提交删除请求

1．get 接口

Requests 库最基本的应用就是 requests.get(url, **kwargs)。可以用来构造并发送“GET”页面请求。该接口通过必要参数 url（字符串型）指定“GET”请求的目的地址，完成最基本的页面请求。同时该函数还可以通过 kwargs 指定的一系列可选参数（如表 9-2 所示的可选参数），构造高级的“GET”请求。

表 9-2　Request 的参数

参数名称	描　述
method	指定 request 的类型，如“GET”“POST”等
url	指定 request 发送的目的地址
params（可选）	指定 request 的查询字符串，可以是字典或者字节型数据
data（可选）	指定 request body 发送的数据，可以是字典、列表、字节型数据
json（可选）	指定 request body 发送的 JSON 格式的数据
headers（可选）	设置 HTTP Headers 字段
cookies（可选）	设置发送的 cookie 字段
auth（可选）	设置 Basic/Digest/Custom 等 HTTP Auth 字段
timeout（可选）	设置等待响应的时间，单位为秒
allow_redirects（可选）	设置没有在等待响应时间内收到响应时，是否重新发送请求，True 为重新发送，默认为 True
proxies（可选）	指定 url 使用的协议
verify（可选）	设置是否检查服务器的 TLS 证书，默认为 True，即需要检查证书
stream （可选）	设置响应内容是否直接下载，默认为 True，即直接下载
cert（可选）	指定 SSL 客户端证书文件

get 接口返回的是一个Response 对象。Response对象包含一系列非常有用的属性，通过读取这些属性的值，就能够获得所需要的页面信息。常用的Response对象的属性如表 9-3 所示。

表 9-3　常用的Response对象属性

属性名称	描　述
.url	返回当前请求的 url
.text	返回 headers 中的编码解析的结果，可以通过 r.encoding = 'gbk'来变更解码方式
.content	返回二进制的解析结果
.json	返回 json 格式的解析结果
.status_code	返回响应的状态码
.raw	返回原始 socket respons，需要加参数 stream=True
.history	返回重定向状态码

在实际的网页数据爬取程序中，除了通过 url 参数将页面地址传递给 get 接口，通常还需要设置 headers 参数。headers 参数负责设置 http 请求报文的 header 部分信息，定义请求接收响应的格式、编码、请求发出者（浏览器类型）和请求的回溯等信息。正确设置 headers 参数，可以保证 get 接口以“浏览器”的方式发送页面请求并接收正确的页面响应。如果 headers 参数设置不当，则可能导致接收到乱码或者服务器的重定向

页面。一般情况下，可以如例 9-2 所示，设置 headers 参数。

【例 9-2】 通过 get 接口访问“淘宝”网页，并打印 url 和响应文本。

```
import requests
url= 'https://s.taobao.com/search?q=男鞋'
headers = {
        'Accept':'text/html,application/xhtml+xml,application/x',
        'Accept-encoding': 'gzip, deflate, br',
        'Accept-Language':'zh-CN,zh;q=0.9,en;q=0.8',
        'Referer':'https://extract_items.taobao.com/extract_items.htm',
        'Upgrade-insecure-requests': '1',
        'User-Agent':'Mozilla/5.0 (X11; Linux x86_64) AppleWebKit/537.36 (KHTML, like
Gecko) Chrome/58.0.3029.110 Safari/537.36',
        'Connection':'keep-alive',
        'content-type':'utf-8',
        }
html = requests.get(url, headers=headers)
print (html.url)
print (html.text)
```

结果打印如图 9-2 所示。

```
>>> print (html)
<Response [200]>
>>> print (html.url)
https://s.taobao.com/search?q=%E7%94%B7%E9%9E%8B
>>> print (html.text)

<!DOCTYPE html>
<html lang="zh-CN">
<head>
    <meta charset="UTF-8">
    <meta http-equiv="X-UA-Compatible" content="IE=edge">
    <meta name="renderer" content="webkit">
    <meta name="data-spm" content="a230r">
    <link rel="dns-prefetch" href="//g.alicdn.com">
    <link rel="dns-prefetch" href="//assets.alicdn.com">
    <link rel="dns-prefetch" href="//img.alicdn.com">
    <link rel="dns-prefetch" href="//g-search1.alicdn.com">
    <link rel="dns-prefetch" href="//g-search2.alicdn.com">
    <link rel="dns-prefetch" href="//g-search3.alicdn.com">
    <link rel="dns-prefetch" href="//g-search4.alicdn.com">
    <link rel="dns-prefetch" href="//gtms01.alicdn.com">
    <link rel="dns-prefetch" href="//gtms02.alicdn.com">
    <link rel="dns-prefetch" href="//gtms03.alicdn.com">
    <link rel="dns-prefetch" href="//gtms04.alicdn.com">
    <link rel="shortcut icon" href="//www.taobao.com/favicon.ico">
    <meta name="description" content="淘宝搜索是最智能的商品搜索引擎，通过大数据
        <meta name="keywords" content="男鞋,男鞋_淘宝网,男鞋_淘宝搜索">
      <title>男鞋_淘宝搜索</title>

    <script>
        var p4p_btsinfo = "";
        var g_config = {
            appId: 3,
            toolbar: false,
            webww: true,
            footer: false,
            ap_mods: {
                jstracker: [0.0001]
            }
        };
    </script>
```

图 9-2 通过 get 接口获取“淘宝”页面示例

2．post 接口

requests.post(url, **kwargs)被用来构造并发送“POST”请求。“POST”和“GET”的作用类似，都是向服务器端发送页面请求，并接收响应。但“POST”通常用于提交 HTML 表单，如用户登录信息、用户注册信息以及传递文件等。该函数接口通过参数 url（字符串型）指定“POST”请求的目的地址，完成最基本的“POST”请求。同时该函数还可以通过 kwargs 指定的一系列可选参数（如表 9-1 所示），构造高级的“POST”请求。在实际应用中，可以通过“post”接口快速地构造“POST”请求，如图 9-3 所示。

```
>>> import requests
>>> payload={"key1":"value1","key2":"value2"}
>>> r=requests.post("http://httpbin.org/post",data=payload)
>>> print(r.text)
{
  "args": {},
  "data": "",
  "files": {},
  "form": {
    "key1": "value1",
    "key2": "value2"
  },
  "headers": {
    "Accept": "*/*",
    "Accept-Encoding": "gzip, deflate",
    "Connection": "close",
    "Content-Length": "23",
    "Content-Type": "application/x-www-form-urlencoded",
    "Host": "httpbin.org",
    "User-Agent": "python-requests/2.18.4"
  },
  "json": null,
  "origin": "1.119.146.34",
  "url": "http://httpbin.org/post"
}

>>>
```

图 9-3 “POST”接口示例

9.2.2 使用高级 API

前面提到的 get 接口和 post 接口的作用是发送请求并接收响应结果。除此之外，requests 库还提供了一些高级 API，使用这些高级 API 可以自动获取访问限制比较严格的页面信息，如一些登录才可见的页面。

1．session 接口

session 接口的作用是自动保存 cookies，设置请求参数，以便下次发送请求时自动带上请求参数。具体而言，session 被用来提供默认数据，而函数参数级别的数据会和 session 级别的数据合并，如果 key 重复，函数参数级别的数据将覆盖 session 级别的数据。如果想取消 session 的某个参数，可以再传递一个相同 key 但 value 为 None 的字典结构的参数。函数参数中的数据只会使用一次，并不会保存到 session 中。session 接口的应用如图 9-4 所示。

```
>>> s=requests.Session()
>>> r=s.get('http://httpbin.org/cookies/set/sessioncookie/123456789')
>>> print(r.text)
{
  "cookies": {
    "sessioncookie": "123456789"
  }
}

>>> r1=s.get('http://httpbin.org/cookies')
>>> print (r1.text)
{
  "cookies": {
    "sessioncookie": "123456789"
  }
}

>>>
```

图 9-4　session 接口示例

2．SSL 证书验证

对于一些安全级别较高的网站，如银行网站，通常需要通过 HTTPS 协议来访问，并且需要提交验证 SSL 证书。Requests 可以为 HTTPS 请求验证 SSL 证书，就像 Web 浏览器一样。要想检查某个主机的 SSL 证书时，可以使用 verify 参数，默认情况下，verify 设置为 True，选项 verify 仅应用于主机证书。另外，也可以指定一个本地证书用作客户端证书，客户端证书可以是单个文件（包含密钥和证书）或一个包含两个文件路径的元组。SSL 证书验证设置方式如图 9-5 所示。

```
>>> requests.get('https://github.com',verify=True)
<Response [200]>
>>> requests.get('https://kennethreitz.com',cert=('/path/server.crt','/path/key'))
```

图 9-5　SSL 证书验证设置方式

📖 /path 指示的是证书的本地路径。

3．响应体内容工作流

默认情况下，当程序提交网络请求后，响应体会被立即下载。如果访问体的数据量较大时，程序需要花费大量的时间等待数据下载完成，然后才能进行下一步处理，这样可能影响整个数据爬取系统的运行效率，因此 Requests 库让响应体内容以工作流的方式被下载。可以通过设置 stream 参数，推迟下载响应体直到访问 Response.content 属性，并以流的方式读取响应体内容。

【例 9-3】 以工作流的方式处理响应体内容。

```
import requests
from contextlib import closing
tarball_url = 'https://github.com/kennethreitz/requests/tarball/master'
file = r'D:\Documents\WorkSpace\Python\Test\Python34Test\test.tar.gz'
with closing(requests.get(tarball_url, stream=True)) as r:
    with open(file, 'wb') as f:
        for data in r.iter_content(1024):
            f.write(data)
```

📖 此例中 get 请求发出后，仅有响应头被下载下来了，而连接保持打开状态，因此可以根据一定的条件获取数据。

9.3　Beautiful Soup 库

Beautiful Soup 是用 Python 写的一个 HTML/XML 解析器，它可以很好地处理不规范标记并生成剖析树（parse tree）。它提供简单又常用的导航（navigating）、搜索以及修改剖析树的操作，可以大大节省解析复杂 HTML/XML 数据的编程时间。本节将会详细介绍正则表达式的基本知识，以及 Beautiful Soup 库提供的解析复杂 HTML/XML 的方法。

在学习本节内容之前，首先需要在 Python 环境中安装配置 Beautiful Soup 模块。具体操作是，在 Windows 的 DOS 环境中，输入例 9-4 中的命令实现 Beautiful Soup 模块的安装和配置，安装过程如图 9-6 所示。

```
C:\Users\Weyne>pip install beautifulsoup4
Collecting beautifulsoup4
  Downloading beautifulsoup4-4.6.0-py2-none-any.whl (86kB)
    100% |████████████████████████████████| 92kB 165kB/s
Installing collected packages: beautifulsoup4
Successfully installed beautifulsoup4-4.6.0
You are using pip version 9.0.1, however version 9.0.3 is available.
You should consider upgrading via the 'python -m pip install --upgrade pip' command.

C:\Users\Weyne>pip install lxml
Collecting lxml
  Downloading lxml-4.2.1-cp27-cp27m-win32.whl (3.2MB)
    100% |████████████████████████████████| 3.2MB 16kB/s
Installing collected packages: lxml
Successfully installed lxml-4.2.1
You are using pip version 9.0.1, however version 9.0.3 is available.
You should consider upgrading via the 'python -m pip install --upgrade pip' command.

C:\Users\Weyne>
```

图 9-6　Beautiful Soup 和 lxml 模块安装

【例 9-4】 安装 Beautiful Soup 和页面解析器 lxml。

```
pip install beautifulsoup4
pip install lxml
```

9.3.1 正则表达

正则表达式（regular expression）描述了一种字符串匹配的模式（pattern），可以用来检查一个字符串中是否含有某种子串、将匹配的子串替换或者从中取出符合某个条件的子串等。正则表达式是由普通字符（如字符 a 到 z）以及特殊字符（称为"元字符"）组成的文字模式。构造正则表达式的方法和创建数学表达式的方法一样，也是用多种元字符与运算符将小的表达式结合在一起来创建更大的表达式。正则表达式的组件可以是单个的字符、字符集合、字符范围、字符间的选择或者所有这些组件的任意组合。

正则表达式并不是 Python 的一部分，而是用于处理字符串的强大工具，拥有自己独特的语法以及一个独立的处理引擎。通常正则表达式在效率上可能不如 Python 自己的字符串对象的自带方法，但其功能十分强大。在提供了正则表达式的语言里，正则表达式的语法都是一样的，区别只在于不同的编程语言中支持的正则表达式语法数量不同。

1. 元字符

要想真正地用好正则表达式，正确地理解元字符是最重要的。表 9-4 列出了所有的元字符以及它们的简短描述。

表 9-4 常用的定义正则表达式的元字符

元字符	描 述
一般字符	
\	转义字符
.	匹配除"\n"之外的任何单个字符
[...]	定义字符集。匹配指定范围内的任意字符
预定义字符集，可以写在[...]中	
\d	匹配一个数字字符
\D	匹配一个非数字字符
\s	匹配任何不可见字符，包括空格、制表符、换页符等
\S	匹配任何可见字符
\w	匹配包括下划线的任何单词字符。这里的“单词”字符使用 Unicode 字符集
\W	匹配任何非单词字符
\t	匹配一个制表符
\n	匹配一个换行符。等价于\x0a 和\cJ

（续）

元字符	描　述
	数量词，用在字符或(...)之后
*	匹配前面的子表达式任意次
+	匹配前面的子表达式一次或多次（大于等于 1 次）
?	匹配前面的子表达式零次或一次
{n}	n 是一个非负整数。匹配前面的子表达式 n 次
{n,m}	m 和 n 均为非负整数，其中 n≤m。最少匹配 n 次且最多匹配 m 次
	边界匹配
\A	仅匹配字符串开头
\Z	仅匹配字符串结尾
^	匹配字符串在开头位置的行
$	匹配字符串在结尾位置的行
\b	匹配一个单词边界，也就是单词和空格间的位置
\B	匹配非单词边界
	逻辑、分组
x|y	匹配 x 或 y
(...)	匹配括号中的字符串模式

2．Python 中正则表达式的应用

Python 通过 re 模块提供对正则表达式的支持。如例 9-5，使用 re 的一般步骤是先将正则表达式的字符串形式编译为 Pattern 实例，然后使用 Pattern 实例处理文本并获得匹配结果（一个 Match 实例），最后使用 Match 实例获得信息，进行其他的操作。

【例 9-5】 re 模块的使用。

```
# encoding: UTF-8
import re
# 将正则表达式编译成 Pattern 对象
pattern = re.compile(r'hello')
# 使用 Pattern 匹配文本，获得匹配结果，无法匹配时将返回 None
match = pattern.match('hello world!')
if match:
    # 使用 Match 获得分组信息
    print (match.group())

### 输出 ###
# hello
```

1）re.compile(pattern[, flags])：这个方法是 Pattern 类的工厂方法，用于将字符串形式的正则表达式编译为 Pattern 对象。参数说明如下

① pattern：一个字符串形式的正则表达式。

② flags：可选，表示匹配模式，比如忽略大小写、多行模式等，具体参数如下。

- re.I 忽略大小写；
- re.L 表示特殊字符集（\w, \W, \b, \B, \s, \S）且依赖于当前环境；
- re.M 多行模式；
- re.S 即为.并且包括换行符在内的任意字符（.不包括换行符）；
- re.U 表示特殊字符集（\w, \W, \b, \B, \d, \D, \s, \S）且依赖于 Unicode 字符属性；
- re.X 为了增加可读性，忽略空格和 # 后面的注释。

通过例 9-5 我们已初步了解了如何使用 Python 的 re 模块，现在可以通过一个稍微复杂一些的例子（例 9-6），来进一步学习 re 模块中一个非常有用的函数 findall()。

【例 9-6】 查找字符串中的所有数字。

```
# -*- coding:UTF8 -*-
import re
pattern = re.compile(r'\d+')     #数字模式定义
result1 = pattern.findall('runoob 123 google 456')
result2 = pattern.findall('run88oob123google456', 0, 10)
print(result1)
print(result2)
```

输出结果：

```
['123', '456']
['88', '12']
```

2）re. findall(string[, pos[, endpos]])：在字符串中找到正则表达式所匹配的所有子串，并返回一个列表，如果没有找到匹配的，则返回空列表。参数说明如下

① string：待匹配的字符串。

② pos：可选参数，指定字符串的起始位置，默认为 0。

③ endpos：可选参数，指定字符串的结束位置，默认为字符串的长度。

9.3.2 复杂 HTML 解析

BeautifulSoup 将一个 HTML 文档转换成一棵“树”。这棵“树”的每个“叶子”节点都是一个 Python 对象。所有对象可以归纳为 Tag、NavigableString、BeautifulSoup、Comment 等 4 种。下面将一一进行介绍。

首先创建一个 HTML 源文件，内容如例 9-7 所示，后面的例子将以这个文件的内容作为演示的基础数据。

【例 9-7】 创建 HTML 源文件，初始化 BeautifulSoup 对象。

编辑 HTML 源文件 test.html：

```
<html><head><title>The Dormouse's story</title></head>
<body>
<p class="title" name="dromouse"><b>The Dormouse's story</b></p>
<p class="story">Once upon a time there were three little sisters; and their names were
<a href="http://example.com/elsie" class="sister" id="link1"><!-- Elsie --></a>,
<a href="http://example.com/lacie" class="sister" id="link2">Lacie</a> and
<a href="http://example.com/tillie" class="sister" id="link3">Tillie</a>;
and they lived at the bottom of a well.</p>
<p class="story">...</p>
</body>
</html>
```

创建并初始化 BeautifulSoup 对象：

```
htmlf=open('test.html','r',encoding="utf-8")
html=htmlf.read()
import lxml
from bs4 import BeautifulSoup
soup = BeautifulSoup(html,'lxml') #设置以 lxml 为匹配引擎
print (soup.prettify())#打印出 html 内容
```

📖 例 9-7 中将 HTML 源文件的内容保存到一个字符串型变量 html 中，并用这个变量初始化 BeautifulSoup 对象。

1．Tag

Tag 简单来说就是 HTML 里的一个个标签，如例 9-7 中 HTML 源文件所示的“title”“a”“p”等。在 BeautifulSoup 里，一个 HTML 标签加上里面包括的内容就是一个 Tag 对象。可以通过 BeautifulSoup Tag 对象提供的方法，获取 HTML 文本里的 Tag 信息。程序运行结果如图 9-7 所示。

```
>>> print (soup.title)
<title>The Dormouse's story</title>
>>> print (soup.a)
<a class="sister" href="http://example.com/elsie" id="link1"><!-- Elsie --></a>
>>> print (soup.p)
<p class="title" name="dromouse"><b>The Dormouse's story</b></p>
>>>
```

图 9-7　Tag 对象示例

2．NavigableString

通过上面的 Tag 对象已经得到了标签的内容，那么如果要想进一步获取标签内部的文字怎么办呢？NavigableString 对象可以获取 Tag 内部的文本信息。如图 9-8 所示，可以通过.string 调用 NavigableString，以提取 Tag 之间的文本字符串。

```
>>> print (soup.p.string)
The Dormouse's story
>>> print (type(soup.p.string))
<class 'bs4.element.NavigableString'>
>>>
```

图 9-8　NavigableString 对象示例

3．BeautifulSoup

BeautifulSoup 对象表示的是一个文档的全部内容。大部分时候，可以把它当作一个特殊的 Tag 对象。我们可以分别获取它的类型、名称以及属性，从中观察一下 BeautifulSoup 对象。程序运行结果如图 9-9 所示。

```
>>> print (type(soup.name))
<type 'unicode'>
>>> print (soup.name)
[document]
>>> print (soup.attrs)
{}
>>>
```

图 9-9　BeautifulSoup 对象示例

4．Comment

Comment 对象是一个特殊类型的 NavigableString 对象，其输出的内容是 HTML 里的注释信息。如例 9-7 所示的 HTML 代码第 5 行中包含注释内容，如果用.string 输出，会将注释信息输出（如图 9-10）。另外，如果打印输出注释信息的类型，可以发现它是一个 Comment 类型（如图 9-10），所以，在使用.string 之前，通常需要做一下判断，判断当前的对象是否是 Comment，代码如下所示：

【例 9-8】 判断 Tag 内容是否输出。

```
import bs4
if type(soup.a.string)==bs4.element.Comment:
print(soup.a.strings)
```

输出结果如图 9-10 所示。

```
>>> print (soup.a)
<a class="sister" href="http://example.com/elsie" id="link1"><!-- Elsie --></a>
>>> print(soup.a.string)
 Elsie
>>> print (type(soup.a.string))
<class 'bs4.element.Comment'>
>>>
```

图 9-10　Comment 对象示例

9.4　编程实践

【例 9-9】 本章案例的实现。

```
spider_taobao.py:
import requests
import HTMLParser
class spider_taobao(object):
    def __init__(self):
        self.headers = {
        'Accept':'text/html,application/xhtml+xml,application/x',
        'Accept-encoding': 'gzip, deflate, br',
        'Accept-Language':'zh-CN,zh;q=0.9,en;q=0.8',
        'Referer':'https://extract_items.taobao.com/extract_items.htm',
        'Upgrade-insecure-requests': '1',
        'User-Agent':'Mozilla/5.0 (X11; Linux x86_64) AppleWebKit/537.36 (KHTML, like
Gecko) Chrome/58.0.3029.110 Safari/537.36',
        'Connection':'keep-alive',
        'content-type':'utf-8',
        }

    def __call__(self, url):
        t = requests.get(url, headers=self.headers)
        return t.text

extract_items.py:
import re
import requests
from imp import reload
import sys
import os
import json
```

```
from spider_taobao import spider_taobao

class Item(object):
    def __init__(self, info):
        self.nid = info[0]    #item id
        self.price = info[1] #price of item
        self.producer = info[2]
        self.loc = info[3] #location of item
        self.cate = info[4] #category of item
        self.prefix_detail_url = 'https://detail.tmall.com/item.htm?id='
        self.prefix_comment_url=
'https://rate.tmall.com/list_detail_rate.htm?spuId=279689783&sellerId=92889104&order=3&callback=jsonp
698&currentPage=1&itemId='
        self.crawler = spider_taobao()
        self.extractBrand()
        self.extractComments()

    #extract brand from detailed page of item
    def extractBrand(self):
        detail_html = self.crawler(self.prefix_detail_url + self.nid)
        t = re.findall(r'<li id="J_attrBrandName" title=\"(.*?)\"', detail_html)
        if len(t) > 0:
            self.brand = t[0][1:]
        else:
            self.brand = ''

    #extract useful information from comment data
    def extractComments(self):
        comment_html = self.crawler(self.prefix_comment_url + self.nid)
        self.contents = []
        raw_texts = re.findall(r'\"rateContent\"\:\".*?\"', comment_html)
        for t in raw_texts:
            _, content = t.replace('"', '').split(':')
            self.contents.append(content)

    # extract statistic information from comment data
    def extract_statistics_comments(self):
        statistics = self.crawler(self.prefix_statistics_url + self.nid)
```

```
        raw_texts_1 = re.findall(r'\"count\"\:\{.*?\}', statistics)
        raw_texts = re.findall(r'\"impress\"\:\[.*?\]', statistics)
        self.comment_counts = {}
        self.comment_counts['count'] = raw_texts_1[0].encode('utf-8').split(':', 1)[1]
        self.comment_counts['impress'] = raw_texts[0].encode('utf-8').split(':', 1)[1]

#extract information from the query page
class ExtractItems(object):
    def __init__(self, kw=None):
        self.html = requests.get('https://s.taobao.com/search?q=' + kw).text
        self.cate = kw

    def next(self, batch=20):
        self.html = requests.get('https://s.taobao.com/search?q=' + self.cate + '&s=' +
str(batch)).text

    def getPrices(self):
        raw_texts = re.findall(r'\"view_price\"\:\"[\d\.]*\"', self.html)
        prices = []
        for t in raw_texts:
            _, price = t.replace('"', '').split(':')
            prices.append(price)
        return prices

    def get_nids(self):
        raw_texts = re.findall(r'\"nid\"\:\"[\d\.]*\"', self.html)
        nids = []
        for t in raw_texts:
            _, nid = t.replace('"', '').split(':')
            nids.append(nid)
        return nids

    def getProducers(self):
        raw_texts = re.findall(r'\"nick\"\:\".*?\"', self.html)
        prods = []
        for t in raw_texts:
            _, p = t.replace('"', '').split(':')
            prods.append(p)
```

```
        return prods

    def getAreas(self):
        raw_texts = re.findall(r'\"item_loc\"\:\".*?\"', self.html)
        locs = []
        for t in raw_texts:
            _, loc = t.replace('"', '').split(':')
            locs.append(loc)
        return locs

def getDealCounts(self):
        raw_texts = re.findall(r'\"view_sales\"\:\".*?\"', self.html)
        sales = []
        for t in raw_texts:
            _, sale = t.replace('"', '').split(':')
            sales.append(sale.replace(u'人付款', ''))
        return sales

def extract(self, save_pth='../debug', max_num=1):
        items = []
        i= 0
        offset=0
        while max_num > 0:
            nids = self.get_nids()
            prices = self.getPrices()
            producers = self.getProducers()
            areas = self.getAreas()
            sales = self.getDealCounts()

            if nids < 1:
                break
            for idx, nid in enumerate(nids):
                it = Item([nid, prices[idx], producers[idx], areas[idx], self.cate, sales[idx]])
                items.append(it)
            max_num -= len(nids)
            if len(items)>0:
             save(items, save_pth, str(i))
             i+=1
```

```
                    del items[:]
                    offset+=44
                    time.sleep(3)
                        self.next(offset)
    #save results as json files
    def save(data, output_dir='.',lab='0'):
        reload(sys)
        sys.setdefaultencoding('utf-8')
        attributes = []
        for it in data:
            attr = {'item_id':it.nid, 'cate':it.cate, 'brand':it.brand, 'price':it.price, 'producer':it.
producer, 'loc':it.loc, 'sale_count':it.sale}
            attributes.append(attr)
        with open(os.path.join(output_dir, lab+'_item_attributes.json.txt'), 'w') as f:
            json.dump(attributes, f, ensure_ascii=False, encoding='utf-8')
        print ('get %d items\' attributes' % (len(attributes)))
        print ('save attributes of items on %s' % (os.path.join(output_dir,lab+'_item_
attributes.json.txt')))
        # print comments for items
        comments = []
        i = 0
        for it in data:
            c = {'item_id':it.nid}
            contents = []
            for _, comment in enumerate(it.contents):
                contents.append(comment)
                i += 1
            c['contents'] = contents
            comments.append(c)

        with open(os.path.join(output_dir, lab +'_item_comment_content.json.txt'), 'w') as f:
            json.dump(comments, f, ensure_ascii=False, encoding='utf-8')
        print ('get %d items\' comments; total comments: %d' % (len(comments), i))
        print ('save contents of comments on %s' % (os.path.join(output_dir, lab + '_item_
comment_content.json.txt')))
        # print counts for comments
        counts = []
        for it in data:
```

```
            count = {'item_id':it.nid}
            for k, v in zip(it.comment_counts.iterkeys(), it.comment_counts.itervalues()):
                count[k] = v
            counts.append(count)
        with open(os.path.join(output_dir, lab+'_comment_counts.json.txt'), 'w') as f:
            json.dump(counts, f, ensure_ascii=False, encoding='utf-8')
        print ('get %d items\' counts' % (len(counts)))
        print ('save comment counts of items on %s' % (os.path.join(output_dir, lab +'_comment_
counts.json.txt')))

    test.py:
        import sys
        from extract_items import ExtractItems
        from extract_items import save
        '''
        sys.argv[1]:the keyword of items' category
        sys.argv[2]:the max number of items that we want to catch
        sys.argv[3]:the dir path that the result files saving
        '''
        if __name__ == '__main__':
            print ('extracting items with keyword: %s ......' % (sys.argv[1]))
            extractor = ExtractItems(sys.argv[1])
            extractor.extract(save_pth= sys.argv[3], max_num=int(sys.argv[2]))
```

🕮 **试一试：** 分别将 spider_taobao.py、extract_item.py 以及 test.py 三个文件保存在同一目录下，然后运行“python test.py 男鞋 100 c:\”，其中“男鞋”指示待抓取商品的关键词，“100”设定商品抓取的最大数目，“c:\”指定抓取结果保存的路径。查看程序运行是否正确，在指定路径“c:\”中查看，是否生成了一系列以_item_attributes.json.txt、_item_comment_content.json.txt 以及_comment_counts.json.txt 为后缀的文件，如果有错误请自行调试并修正程序。

9.5 本章小结

本章以“在商务世界里看见数据——淘宝数据的爬取”案例的实现为主线将知识点全部贯穿，详细介绍了如何基于 Python 的 Requests 库和 BeautifulSoup 库爬取网页数据，解析并提取 HTML 页面中的有用信息。

围绕着抓取网页页面信息的需求，重点介绍了 Requests 库的 get、post 以及 request 等接口的功能和使用方法，以及 HTTP header、cookie 的设置。另外，围绕着如何提取网页页面的有效信息，重点介绍了正则表达式的基本概念和 Python 的正则表达式模块的两个基本方法 compile()和 findall()。最后，本章介绍了一个基于 Python 的 HTML/XML 信息解析抽取库——BeautifulSoup。

9.6　习题

1．概念题

1）什么是正则表达式，正则表达式的作用是什么？

2）“GET”请求和“POST”请求的异同是什么？

2．编程题

1）编写正则表达式，从本章案例抓取到的用户评价中抽取其他信息，如商品评论中的“颜色”“尺码”等信息。

2）将例 9-7 中页面有效信息（如品牌、价格等）提取部分的代码改造成基于 BeautifulSoup 库的实现。

第 10 章　数据可视化

数据分析的过程中，除了进行正确的数据预处理、灵活的数据挖掘技术以外，可视化也是分析的重要手段之一。可视化技术是对抽象数据进行形象化描述的方法，能够更加直观地了解数据特征的分布情况，是对用户更加友好地进行数据特征展示的方式。数据可视化不但广泛应用于商业、广告业、金融业等多个行业，而且已经逐渐发展为科学研究中非常重要的一个方向。

本章将学习利用 Python 实现数据可视化，同时介绍常用的可视化 Python 库、类和函数，以及如何将这些功能应用于实际商业数据。

10.1　案例：在商务世界里看见数据——淘宝数据的可视化

在本章案例中，将对第 9 章获取的淘宝商业数据进行可视化分析，首先分析淘宝商品按照品牌的平均售价，以 Matplotlib 库为基础，以散点图的形式展示平均价格最高的 6 个品牌；然后对淘宝的数据按地域进行划分，统计每个地域对应商品的价格总值，以 Pygal 库为基础，以直方图的形式展示地域对应的商品价格总值，用来衡量该地区的商业活跃度。

1．输入部分（淘宝商业数据格式）

- item_id：商品 id。
- cate：商品类别。
- brand：品牌。
- price：价格。
- producer：商家昵称。
- loc：产地。
- shop：店铺评论数。
- picNum：带图评论数。
- total：总共评论条数。
- used：追加评论条数。

2．输出部分（散点图和直方图，见图 10-1）

- 图 10-1a 是平均价格最高的 6 个品牌以及对应的平均价格。
- 图 10-1b 是不同产地对应的产品总价格。

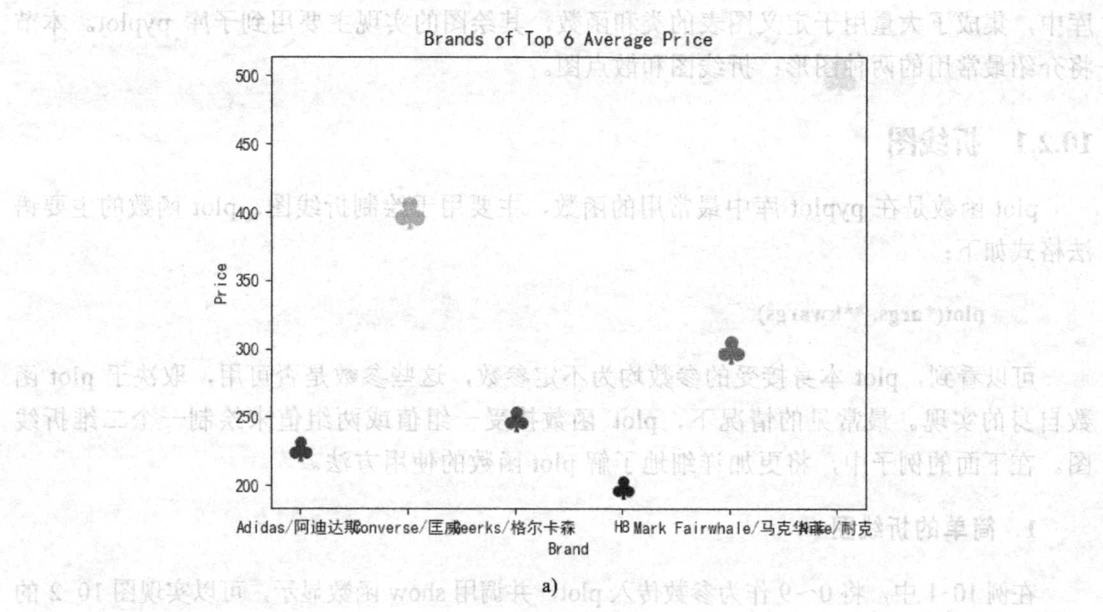

a)

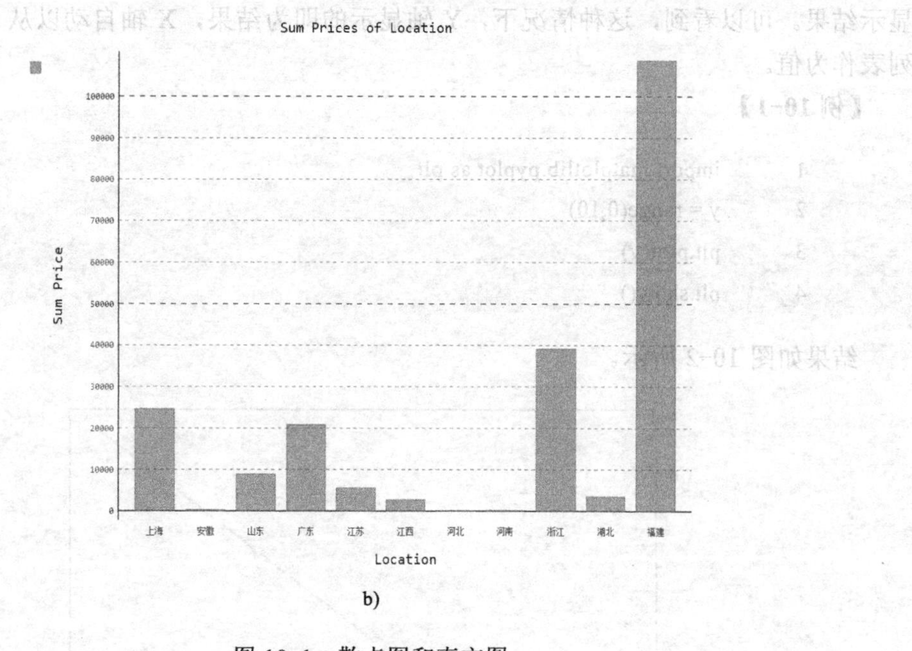

b)

图 10-1　散点图和直方图

a) 散点图　b) 直方图

10.2　Matplotlib 库

在处理数学运算或者在图表上绘制点、直线和曲线时，通常会用到 Matplotlib 库。Matplotlib 是目前最流行的用于绘制数据图表的 Python 库，最初由 John D.Hunter 创建。它可以以简单而又高效的方式绘制出高质量的图表，呈现数据特征。在 Matplotlib

库中，集成了大量用于定义图表的类和函数，其绘图的实现主要用到子库 pyplot。本节将介绍最常用的两种图形：折线图和散点图。

10.2.1 折线图

plot 函数是在 pyplot 库中最常用的函数，主要用于绘制折线图。plot 函数的主要语法格式如下：

```
plot(*args, **kwargs)
```

可以看到，plot 本身接受的参数均为不定参数，这些参数是否可用，取决于 plot 函数自身的实现。最常见的情况下，plot 函数接受一组值或两组值来绘制一个二维折线图。在下面的例子中，将更加详细地了解 plot 函数的使用方法。

1．简单的折线图

在例 10-1 中，将 0～9 作为参数传入 plot，并调用 show 函数显示，可以实现图 10-2 的显示结果。可以看到，这种情况下，Y 轴显示的即为结果，X 轴自动以从 0 开始的整数列表作为值。

【例 10-1】

```
import matplotlib.pyplot as plt
y = range(0,10)
plt.plot(y)
plt.show()
```

结果如图 10-2 所示。

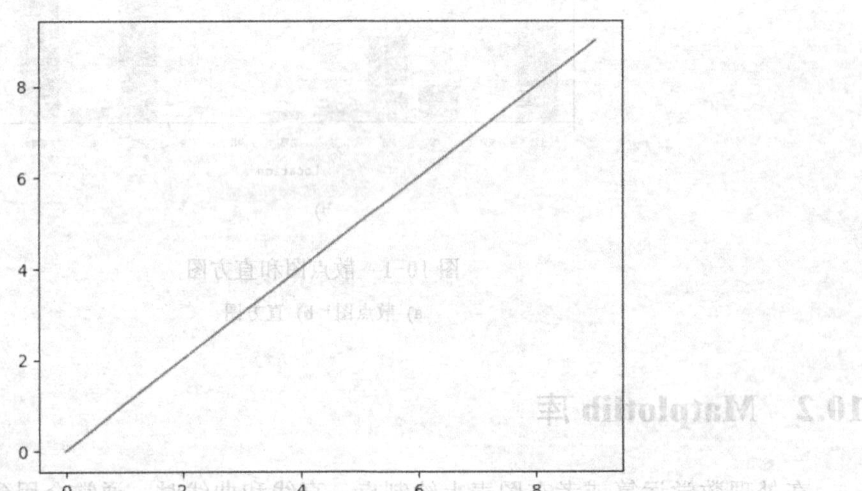

图 10-2

2．具有 X 轴信息的折线图

在例 10-2 中，定义了 0～10 之间 step 为 0.1 的数据 x，并分别计算 x 中每个值的正弦结果保存在 y 中，将 x 和 y 分别作为 X 轴和 Y 轴结果传入 plot，并调用 show 函数显示，可以有图 10-3 的显示结果。可以看到，以 100 点可以很好地模拟正弦波的变化情况。其中 X 轴的每个值对应了 Y 轴的一个值。

【例 10-2】

```
import matplotlib.pyplot as plt
import numpy as np
import math
x = np.arange(0,10,0.1)
y = [math.sin(each) for each in x]
plt.plot(x, y)
plt.show()
```

结果如图 10-3 所示。

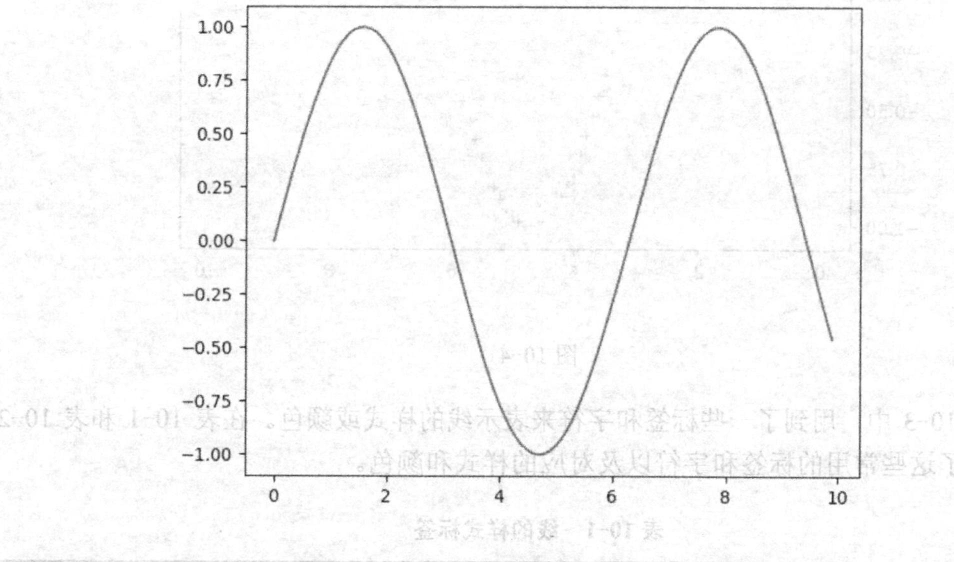

图 10-3

3．设置格式的折线图

在例 10-3 中，通过指定线的样式标签和颜色符号，可以绘制不同样式的曲线。在第 6 行中，指定了“r”和“+”的格式，分别代表红色和加号虚线。

【例 10-3】

```
import matplotlib.pyplot as plt
import numpy as np
import math
x = np.arange(0,10,0.1)
y = [math.sin(each) for each in x]
plt.plot(x, y, "r+")
plt.show()
```

结果如图 10-4 所示。

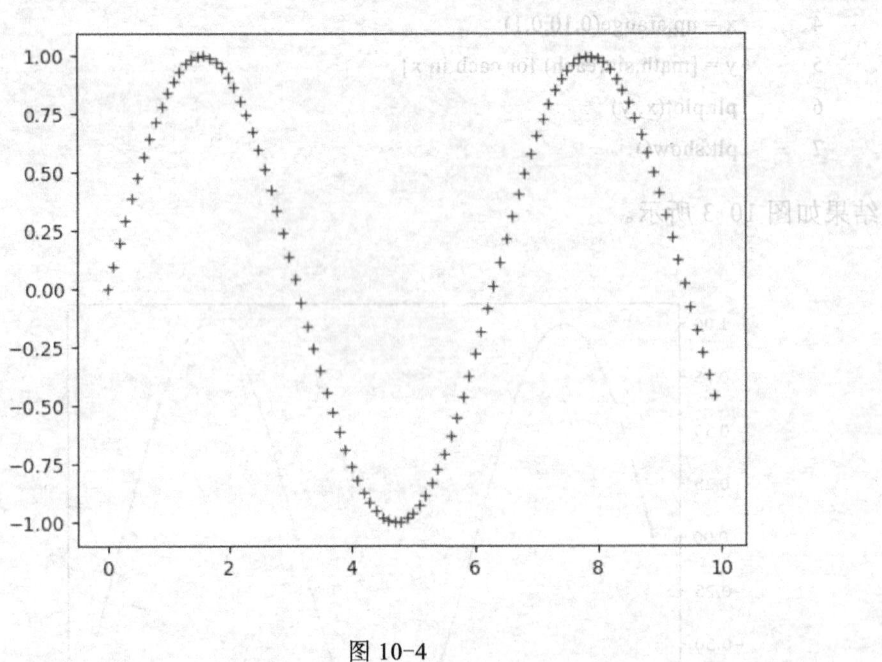

图 10-4

在例 10-3 中，用到了一些标签和字符来表示线的样式或颜色。在表 10-1 和表 10-2 中，列出了这些常用的标签和字符以及对应的样式和颜色。

表 10-1　线的样式标签

标　　签	样式描述
'-'	实线
'--'	破折号虚线
'-.'	破折号-点虚线
':'	细点虚线
'.'	粗点虚线

（续）

标　签	样式描述
','	像素点虚线
'o'	圆圈虚线
'v'	下三角虚线
'^'	上三角虚线
'<'	左三角虚线
'>'	右三角虚线
'1'	上三角菱虚线
'2'	下三角菱虚线
'3'	左三角菱虚线
'4'	右三角菱虚线
's'	矩形虚线
'p'	五角形虚线
'*'	星形虚线
'h'	六角形虚线
'+'	加号虚线
'x'	叉号虚线
'D'	钻石型虚线
'd'	细钻石虚线
'|'	竖线虚线
'_'	横线虚线

表 10-2　线的颜色字符

字　符	颜色描述
'b'	蓝色
'g'	绿色
'r'	红色
'c'	蓝绿色
'm'	品红色
'y'	黄色
'k'	黑色
'w'	白色

4．绘制多个系列数据的折线图

在例 10-4 中，分别定义了两个数据系列(x1,y1)和(x2,y2)，其中第一个系列绘制 0～10 的正弦波，用红色加号虚线表示，第二个系列绘制 0～5 的余弦波，用蓝色圆圈虚线表示。

【例 10-4】

```
import matplotlib.pyplot as plt
import numpy as np
import math
x1 = np.arange(0,10,0.1)
y1 = [math.sin(each) for each in x1]
x2 = np.arange(0,5,0.1)
y2 = [math.cos(each) for each in x2]
plt.plot(x1, y1, "r+", x2, y2, "bo")
plt.show()
```

结果如图 10-5 所示。

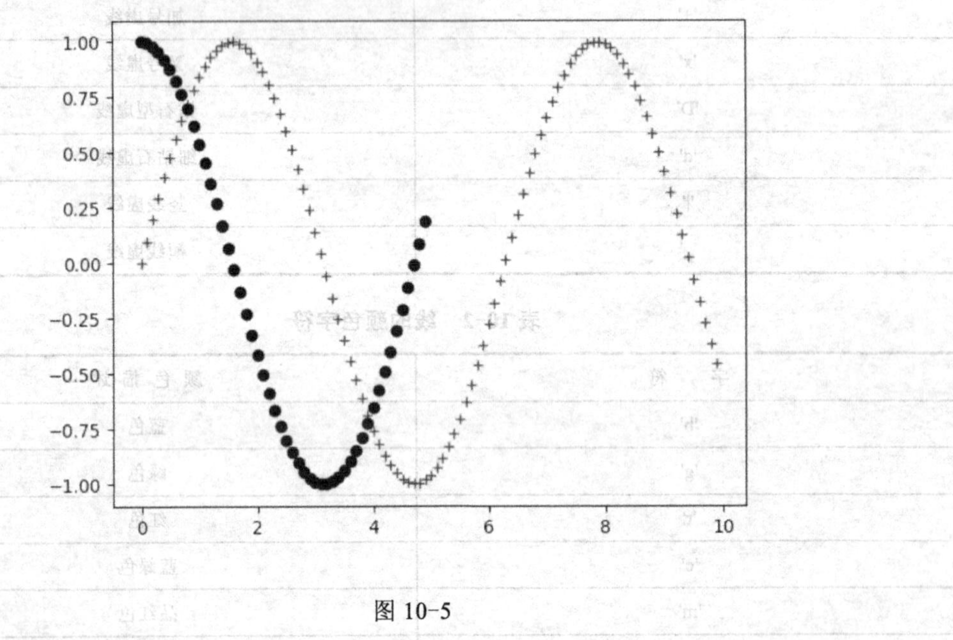

图 10-5

5．使用关键字参数绘制折线图

在例 10-5 中，可以分别用关键字来指定所要设置的格式，在第 8 行中，用“linestyle”来指定线的样式（虚线），用“color”来指定线的颜色（绿色），用

“marker”指定值的表示方式（星形）。具体其他的参数可以参考帮助文件。

【例 10-5】

```
import matplotlib.pyplot as plt
import numpy as np
import math
x1 = np.arange(0,10,0.1)
y1 = [math.sin(each) for each in x1]
x2 = np.arange(0,5,0.1)
y2 = [math.cos(each) for each in x2]
plt.plot(x1, y1, x2, y2, linestyle='dashed', color='green', marker='*')
plt.show()
```

结果如图 10-6 所示。

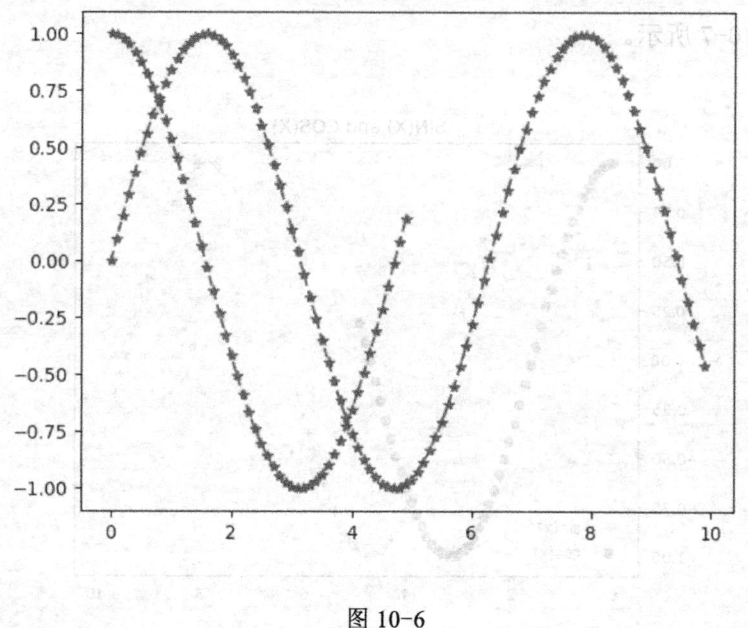

图 10-6

6．添加坐标轴标题、图标题和图例

为了在图中添加轴标题、图标题和图例，需要分别调用 4 个函数，xlabel 函数用来添加 X 轴标题，ylabel 函数用来添加 Y 轴标题，title 函数用来添加图标题，legend 函数用来添加图例。在例 10-6 中，设置了 X 轴标题为“X”，Y 轴标题为“Y”，图标题为“SIN(X) and COS(X)”，图例有两个，标题分别为“sin(x)”和“cos(x)”。其中，legend 函数需要根据数据系列的多少，按顺序传递一个字符串列表（第 12 行）。

【例 10-6】

```
import matplotlib.pyplot as plt
import numpy as np
import math
x1 = np.arange(0,10,0.1)
y1 = [math.sin(each) for each in x1]
x2 = np.arange(0,5,0.1)
y2 = [math.cos(each) for each in x2]
plt.plot(x1, y1,'r+', x2, y2, 'bo')
plt.xlabel("X")
 plt.ylabel("Y")
 plt.title("SIN(X) and COS(X)")
 plt.legend(('sin(x)', 'cos(x)'))
 plt.show()
```

结果如图 10-7 所示。

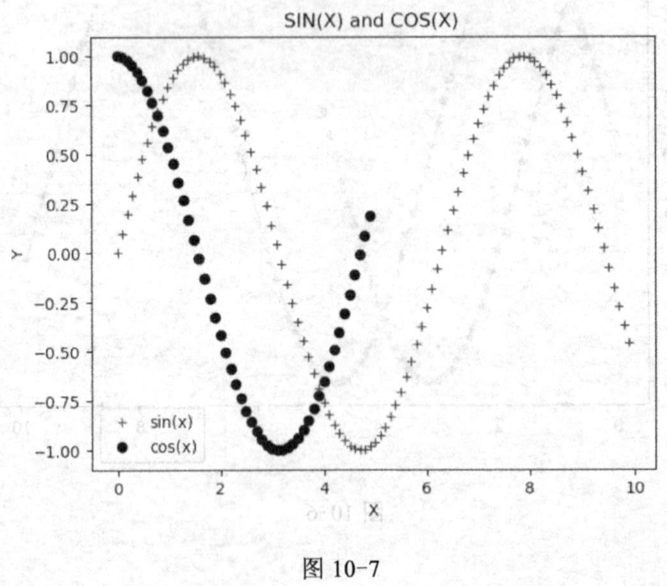

图 10-7

7．采用 Figure 类绘制折线子图

除了调用 plot 函数直接画图外，还可以利用 Figure 类的强大功能来完成更加复杂的绘图。Figure 类的实例通过 pyplot 库中的 figure 函数获取，figure 函数的具体语法格式如下：

```
figure(num=None, figsize=None, dpi=None, facecolor=None, edgecolor=None, frameon=True, FigureClass=<class 'matplotlib.figure.Figure'>, clear=False, **kwargs)
```

其中，“num”为生成图像的数量，“figsize”定义图像大小，“dpi”定义像素大小，“facecolor”和“edgecolor”分别定义背景颜色和边界颜色。通常情况下采用默认参数即可。figure 函数生成的实例的 Figure 类在“matplotlib.figure”子库下进行了定义。

在例 10-7 中，首先利用 figure 函数生成“fig”实例（行 8），然后采用“add_subplot”方法分别添加两个子图“asubfig”和“bsubfig”，其中“add_subplot”的三个参数分别代表子图占的总行数、总列数以及在网格中的位置。在本例中，参数（2,1,1）表示整个图共分为 2 行 1 列，子图“asubfig”在网格的第一部分，同样，子图“bsubfig”在网格的第二部分，因为其参数为（2,1,2）。

【例 10-7】

```
01    import matplotlib.pyplot as plt
02    import numpy as np
03    import math
04    x1 = np.arange(0,10,0.1)
05    y1 = np.sin(x1)
06    x2 = np.arange(0,5,0.1)
07    y2 = np.cos(x2)
08    fig = plt.figure()
09    asubfig = fig.add_subplot(2,1,1)
10    bsubfig = fig.add_subplot(2,1,2)
11    asubfig.plot(x1, y1,'r+',label="sin(x)")
12    asubfig.set_xlabel("X")
13    asubfig.set_ylabel("SIN(X)")
14    asubfig.set_title("SIN Function")
15    asubfig.legend()
16    bsubfig.plot(x2, y2, 'bo',label="cos(x)")
17    bsubfig.set_xlabel("X")
18    bsubfig.set_ylabel("COS(X)")
19    bsubfig.set_title("COS Function")
20    bsubfig.legend()
21    plt.show()
```

结果如图 10-8 所示。

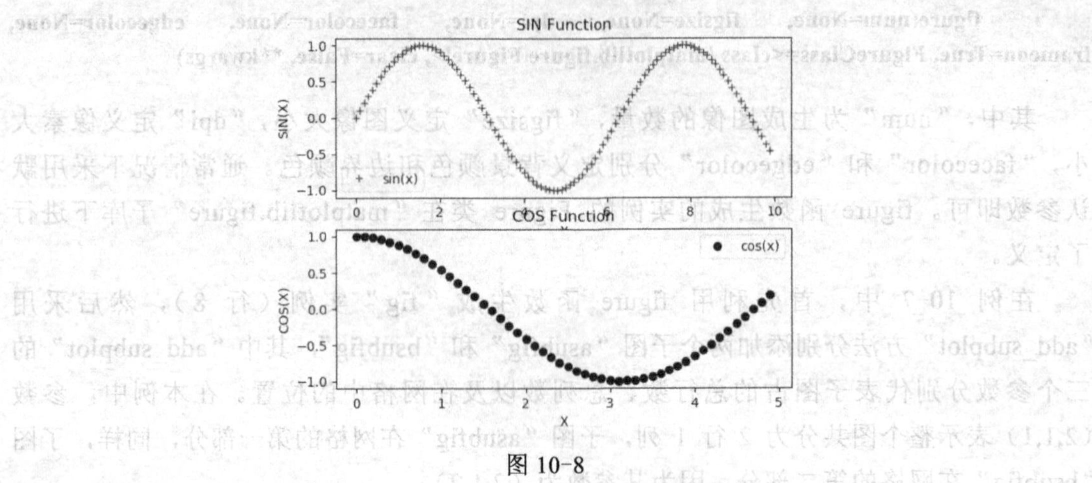

图 10-8

10.2.2 散点图

散点图与折线图绘制的内容相似，主要在形式上有所区别。Matplotlib 库的 scatter 方法是绘制散点图的主要方法，其主要语法形式如下：

```
scatter(x, y, s=None, c=None, marker=None, cmap=None, norm=None, vmin=None, vmax=None, alpha=None, linewidths=None, verts=None, edgecolors=None, hold=None, data=None, **kwargs)
```

其中，x 和 y 分别代表 X 轴和 Y 轴的一维数组，s 表示点的大小，c 表示点的颜色，marker 表示点的形状。在例 10-8 中，“asubfig”子图采用了固定颜色的画法，c 用“r”设置表示红色，“bsubfig”子图根据 Y 轴的值不同，映射到一系列的颜色上面。在行 15 中，c 用“y2”的值进行赋值，同时调用“pyplot.cm”的 get_cmap()方法设置 cmap 的映射方法。

无论是折线图还是散点图，绘制的结果都可以通过调用 savefig 函数来保存。在本例中，将绘图结果保存在了“scatter.svg”文件中（行 21）。

【例 10-8】

```
01    import matplotlib.pyplot as plt
02    import numpy as np
03    x1 = np.arange(0,10,0.1)
04    y1 = np.sin(x1)
05    x2 = np.arange(0,5,0.1)
06    y2 = np.cos(x2)
07    fig = plt.figure()
08    asubfig = fig.add_subplot(2,1,1)
09    bsubfig = fig.add_subplot(2,1,2)
10    asubfig.scatter(x1, y1,s=30, c='r',marker='+', label="sin(x)")
11    asubfig.set_xlabel("X")
```

```
asubfig.set_ylabel("SIN(X)")
asubfig.set_title("SIN Function")
asubfig.legend()
bsubfig.scatter(x2, y2, s=30, c=y2, cmap=plt.cm.get_cmap(),marker='$\clubsuit$', label="cos(x)")
bsubfig.set_xlabel("X")
bsubfig.set_ylabel("COS(X)")
bsubfig.set_title("COS Function")
bsubfig.legend()
fig.show()
fig.savefig("scatter.svg")
```

结果如图 10-9 所示。

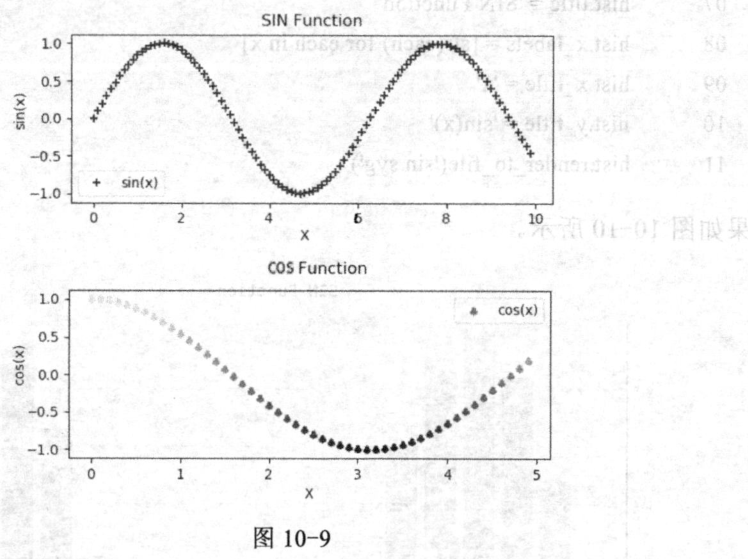

图 10-9

10.3 Pygal 库

Matplotlib 库是一个静态绘图库，绘制的图形无法进行动态展示，在这方面，Pygal 库具有一定的优势。Pygal 库是一个可缩放矢量图形库（Scalable Vector Graphics，SVG）。使用 Pygal 可以生成可缩放的矢量图形文件。本节将介绍利用 Pygal 实现直方图的方法。

10.3.1 直方图

直方图是一种可以对值频率进行离散化显示的柱状图。数据点被拆分到离散的、间隔均匀的面元中，绘制的是各面元中数据点的数量。在 Pygal 库中，使用 Bar 类实例绘制直方图。

在例 10-9 中，采用 Bar 类实例调用 add 方法将 Y 轴数据的值加载到直方图中，其中，add 的第一个参数为标题，第二个参数为 y 轴的具体数值。此外，可以对其 x_title 和 y_title 以及 title 属性赋值，定义 X 轴标题、Y 轴标题和图标题。最后调用 “render_to_file” 将其保存为 svg 格式的图形文件。该文件类型可以用浏览器打开，当鼠标指向每个直方数据时，可以动态显示其对应的值。

【例 10-9】

```
import numpy as np
import pygal as pg
x = np.arange(0,10,0.5)
y = np.sin(x)
hist = pg.Bar()
hist.add('', y)
hist.title = 'SIN Function'
hist.x_labels = [str(each) for each in x]
hist.x_title = 'x'
hist.y_title = 'sin(x)'
hist.render_to_file('sin.svg')
```

结果如图 10-10 所示。

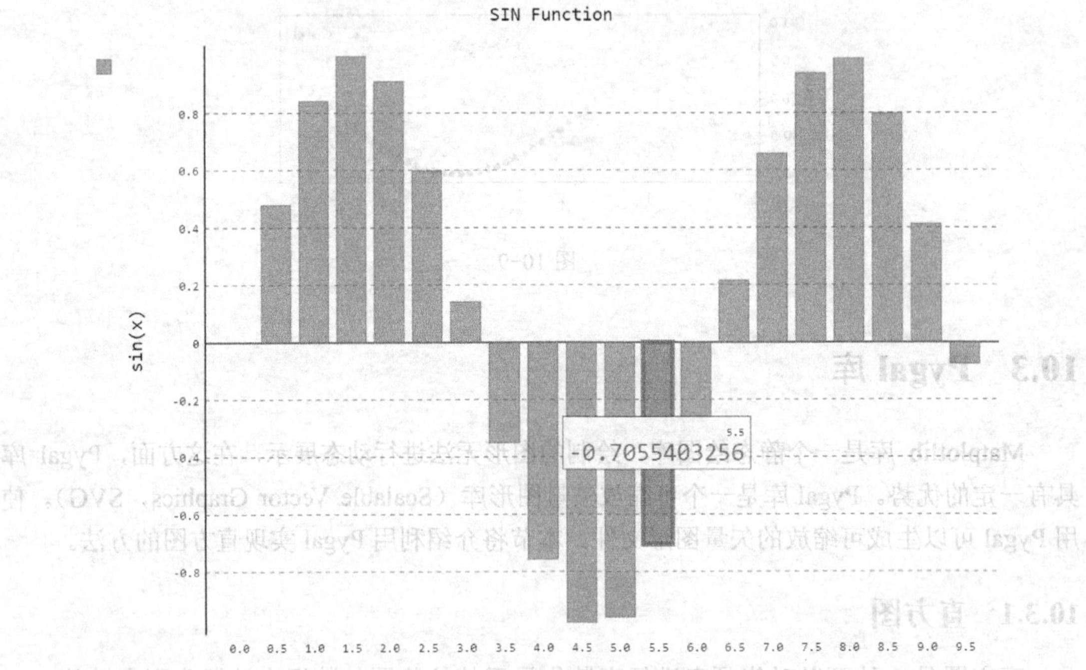

图 10-10

10.3.2 世界地图

Pygal 库还可以通过访问 pygal_maps_world 模块，将与地理相关的数据绘制在地图上。由于 pygal_maps_world 模块是 Pygal 的一个插件，所以需要单独安装。可以采用“pip install pygal_maps_world”的方式完成安装。在该模块中，包含了构建地图的类和世界各个国家的编码，分别保存在 maps 子库和 i18n 子库中。

在例 10-10 中，根据每个国家编码的名称，来展示以“c”字母开头的国家的位置。首先建立 World 类的实例“worldmap_chart”，然后从 COUNTRIES 字典中提取以“c”开头的编码，并将结果以列表的形式添加到“worldmap_chart”中，最后渲染成文件保存在“map.svg”中。

【例 10-10】

```
from pygal_maps_world import maps
from pygal_maps_world.i18n import COUNTRIES
worldmap_chart = maps.World()
worldmap_chart.title = 'C Countries'
ccodes = []
for each in COUNTRIES:
    if each.startswith("c"):
        ccodes.append(each)
worldmap_chart.add('C countries', ccodes)
worldmap_chart.render_to_file("map.svg")
```

Pygal 库的地图功能可以与现有的统计数据相结合，展现更加复杂的信息。在例 10-11 中，将对目前世界各国家或地区的 GDP 数据进行可视化分析。在网站 https://datahub.io/core/gdp 中，可以获取从 1968 年开始到 2016 年的 GDP 的统计数据文件，格式为 csv 文件。文件中包含了“国家或地区名称”、“国家或地区代码”、“年份”以及“GDP 总额”，如表 10-3 所示。本例将提取 2016 年的 GDP 数据进行展示。

表 10-3 国家或地区 GDP 数据示例

国家或地区名称	国家或地区代码	年份	GDP 总额
North America	NAC	2012	17985081294447
North America	NAC	2013	18539718715830
North America	NAC	2014	19191755961783
North America	NAC	2015	19679438002855
North America	NAC	2016	20160296406469

可以看到，在示例数据中的“国家或地区代码”是三字符的代码，而在 Pygal

中的代码是双字符的代码，因此存在不匹配的问题。为了解决这一问题，在本例中将采用“国家或地区名称”的匹配方法获取双字符的代码，“get_codes”函数定义了这一匹配方法。在主程序中，首先读取 csv 文件获取数据，并筛选出年份为 2016 年的数据（行 12），然后通过匹配获取（国家或地区代码，GDP 值）元组的列表（行 13），并过滤掉没有匹配成功的结果（行 14），将列表加入到“worldmap_chart”进行展示。

【例 10-11】

```
01  from pygal_maps_world import maps
02  from pygal_maps_world.i18n import COUNTRIES
03  import pandas as pd
04
05  def get_codes(country_name, all_country_dict=COUNTRIES):
06      for each in all_country_dict:
07          if country_name == all_country_dict[each]:
08              return each
09      return None
10
11  data = pd.read_csv("gdp_csv.csv")
12  gdp_2016 = data[data["Year"] == 2016]
13  gdplist = [(get_codes(gdp_2016.loc[idx][0],COUNTRIES),gdp_2016.loc[idx][3]) for idx in gdp_2016.index]
14  gdplist = [each for each in gdplist if each[0]]
15  worldmap_chart = maps.World()
16  worldmap_chart.title = 'GDP of Countries'
17  worldmap_chart.add('GDP of Countries', gdplist)
18  worldmap_chart.render_to_file("gdpmap.svg")
```

在图 10-12 中，由于所有国家或地区都按照一类进行划分，因此展示的结果并不明显，因此在例 10-12 中，进一步按照 GDP 进行划分为 k 类，分别进行展示，效果更加有说服力。为了获取 k 类，定义了“get_k_inter_gdp”函数。在主程序中，指定 k 值获取 k 个分类的 GDP 列表，分别加入到“worldmap_chart”中。

【例 10-12】

```
from pygal_maps_world import maps
from pygal_maps_world.i18n import COUNTRIES
import pandas as pd

def get_codes(country_name, all_country_dict=COUNTRIES):
```

```
    for each in all_country_dict:
        if country_name == all_country_dict[each]:
            return each
    return None

def get_k_inter_values(gdplist, k=3): #获取 gdp 的 k 均值点
    result = []
    sortedlist = sorted([each[1] for each in gdplist])
    for i in range(1,k):
        result.append(sortedlist[int(len(sortedlist)/(k))*i])
    return result
def get_k_level(gdpvalue, k_inter): #根据 k 均值点分类 gdp
    for i in range(len(k_inter)):
        if gdpvalue < k_inter[i]:
            return i
    return len(k_inter)
def get_k_inter_gdp(gdplist, k=3): #获取不同类的 gdp 列表
    result = [[] for i in range(k)]
    k_inter = get_k_inter_values(gdplist, k)
    gdplist = [(each[0], get_k_level(each[1], k_inter)) for each in gdplist]
    for each in gdplist:
        result[each[1]].append(each)
    return result

k = 3
data = pd.read_csv("gdp_csv.csv")
gdp_2016 = data[data["Year"] == 2016]
gdplist = [(get_codes(gdp_2016.loc[idx][0],COUNTRIES),gdp_2016.loc[idx][3]) for idx in gdp_2016.index]
gdplist = [each for each in gdplist if each[0]]
k_inter = get_k_inter_values(gdplist, k)
gdplist = get_k_inter_gdp(gdplist, k)
worldmap_chart = maps.World()
worldmap_chart.title = 'GDP of Countries'
for i in range(k):
    worldmap_chart.add('The {} Type Countries'.format(i), gdplist[i])
worldmap_chart.render_to_file("gdpmap.svg")
```

10.4 编程实践

在本节中，将对第 9 章中获取的淘宝商业数据进行可视化展示。

【例 10-13】 对淘宝的数据按品牌划分，计算各品牌商品的平均价格，并将平均价格最高的 6 个品牌以散点图的形式进行可视化展示。

首先以“Unicode”的方式读取“item_attributes.json”中的数据，并按照“brand”分组的“price”数据（行 7），求得均值（行 8）并转换为 DataFrame 格式（行 9），然后将数据按照“price”的降序进行排列（行 10）并取得其前 6 行数据（行 11），然后把数据的第一列作为 X 轴，第二列作为 Y 轴绘制散点图（行 15），其中颜色和大小均根据“price”值进行设置。

```
01    import pandas as pd
02    import matplotlib.pyplot as plt
03    plt.rcParams['font.sans-serif'] = ['SimHei']   # 中文字体设置
04    plt.rcParams['axes.unicode_minus'] = False
05    data = pd.read_json("item_attributes.json", encoding="utf-8")
06    data = data.fillna(data.mean())
07    groups = data['price'].groupby(data['brand'])
08    gmeans = groups.mean()
09    gmeans = gmeans.reset_index()
10    gmeans = gmeans.sort_values(by="price",ascending=False)
11    gmeans = gmeans.iloc[:6,:]
12    plt.title("Brands of Top 6 Average Price")
13    plt.ylabel("Price")
14    plt.xlabel("Brand")
15    plt.scatter(gmeans["brand"], gmeans["price"], c=gmeans["price"], s=gmeans["price"], cmap=plt.cm.get_cmap(),marker='$\clubsuit$')
16    plt.show()
```

结果如图 10-11 所示。

【例 10-14】 对淘宝的数据按地域进行划分，统计其价格的总值，并以直方图的形式进行可视化展示。

为了能够根据地域进行统计，需要对“loc”属性进行预处理，将粒度扩展到“省/直辖市”这一范围（行 5），然后根据地域分组统计价格的总和（行 6～8）。最后，将“price”属性作为 Y 轴，“loc”属性作为 X 轴，绘制基于 Pygal 的直方图（行 10～14），并保存到“sumprice.svg”文件中。

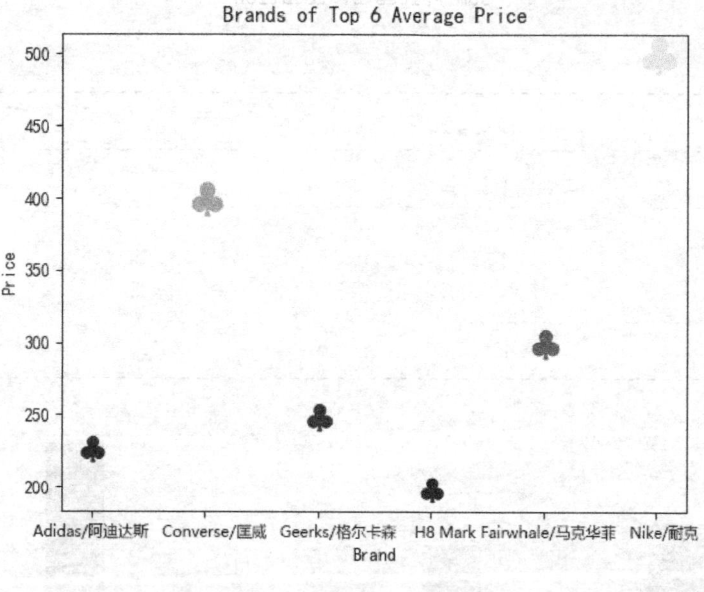

图 10-11

```
import pandas as pd
import pygal as pg
data = pd.read_json("item_attributes.json", encoding="utf-8")
data = data.fillna(data.mean())
data["loc"] = data["loc"].apply(lambda x: x.strip()[:len(x) if x.find(" ")==-1 else x.find(" ")] )
data = data["price"].groupby(data["loc"])
gsum = data.sum()
gsum = gsum.reset_index()
hist = pg.Bar()
hist.add("", gsum["price"])
hist.title ="Sum Prices of Location"
hist.x_labels = gsum["loc"]
hist.x_title = 'Location'
hist.y_title = 'Sum Price'
hist.render_to_file('sumprice.svg')
```

结果如图 10-12 所示。

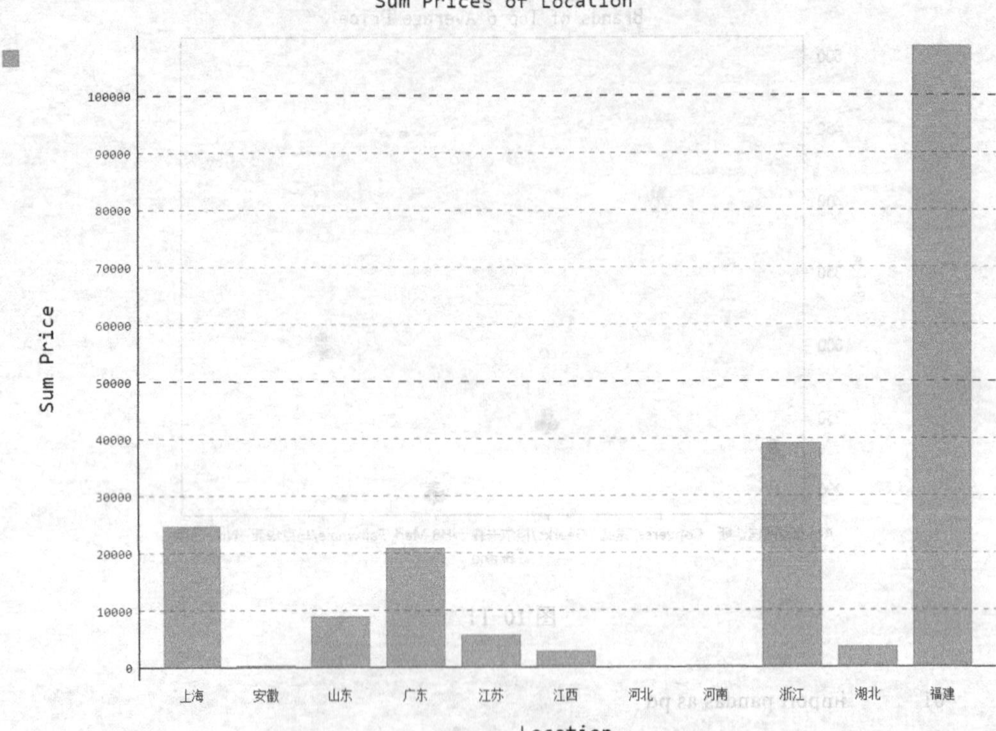

图 10-12

10.5　本章小结

数据可视化是数据分析工作中最重要的任务之一。本章学习了在数据可视化领域中应用最为频繁的两个库：Matplotlib 和 Pygal。用 Matplotlib 绘制的折线图通常用于显示一维数据的值，而散点图可以直观地显示两组一维数据之间的关系。用 Pygal 绘制直方图的优点在于，svg 图形文件可以根据显示屏的大小自动进行缩放。最后还学习了用 Pygal 绘制世界地图的方法。

10.6　习题

1．概念题

1）数据可视化的核心是什么？

2）Python 中常用的可视化库包含哪些？

3）简述 Matplotlib 和 Pygal 两种可视化工具的优缺点。

2．编程题

1）随机生成二维数据，并以散点图的形式进行展示，模拟随机游走的过程。

2）对例 10-14 的程序进行改进，将统计结果按照价格均分为 3 种类型，用不同的标题和颜色进行展示。

参 考 文 献

[1] Chun, Wesley J. Core Python Programming[M]. 2nd ed. New Jersey: Prentice Hall, 2007.

[2] Chun, Wesley J. Core Python Programming[M]. 3rd ed. New Jersey: Prentice Hall, 2010.

[3] Hetland , Magnus Lie. Python 基础教程[M]. 2 版. 司维，等译.北京：人民邮电出版社，2014.

[4] Matthes, Eric. Python 编程：从入门到实践[M]. 北京：人民邮电出版社，2016.

[5] Sedgewick, Robert, etc.程序设计导论：Python 语言实践[M]. 江红，等译. 北京：机械工业出版社，2016.

[6] 董付国. Python 程序设计[M].2 版. 北京：清华大学出版社, 2017.

[7] 裘宗燕. 从问题到程序：用 Python 学编程和计算[M]. 北京：机械工业出版社，2017.

[8] 嵩天,等. Python 语言程序设计基础[M]. 2 版. 北京：高等教育出版社，2017.

[9] 杨年华. Python 程序设计教程[M]. 北京：清华大学出版社，2017.

[10] 胡松涛. Python 网络爬虫实战[M]. 北京：清华大学出版社，2016.

[11] Ryan Mitchell. Web Scraping with Python[M]. Sebastopo1: O'Reilly Media, 2015.